曾国青铜器
铭文选萃

主编 凡国栋

政协随州市曾都区委员会
随州市博物馆
联合出版

长江出版传媒｜崇文书局

图书在版编目（CIP）数据

曾国青铜器铭文选萃 / 凡国栋主编 . -- 武汉：崇
文书局，2024. 11. -- ISBN 978-7-5403-7848-6

Ⅰ . K877.34

中国国家版本馆 CIP 数据核字第 20241PR998 号

策划编辑　李艳丽
责任编辑　胡　钦　官宣宏　陈金鑫
封面设计　甘淑媛
责任校对　董　颖
责任印制　邵雨奇

# 曾国青铜器铭文选萃
ZENGGUO QINGTONGQI MINGWEN XUANCUI

出版发行　长江出版传媒｜崇文书局

地　　址　武汉市雄楚大街 268 号 C 座 11 层

电　　话　(027)87677133　邮政编码　430070

印　　刷　湖北新华印务有限公司

开　　本　710mm × 1000mm　1/16

印　　张　21.75

字　　数　282 千

版　　次　2024 年 11 月第 1 版

印　　次　2024 年 11 月第 1 次印刷

定　　价　108.00 元

（如发现印装质量问题，影响阅读，由本社负责调换）

政协随州市曾都区委员会

随 州 市 博 物 馆

联合出版

## 《曾国青铜器铭文选萃》编委会

# 序

　　人类文明延续、传承和发展离不开语言文字。中华文明源远流长，在世界文明中独树一帜，语言文字可谓居功至伟。汉字承载着中华民族的智慧，滋养着中华民族的精神，彰显着中华文明的风采，是凝练中华文明精神标识的重要元素。世界四大文明古国的文字，唯有中国汉字从未中断、沿用至今。甲骨文的面世，破除了对中国上古历史的质疑。金文、简牍承载着丰富的文化信息，再现了中华文明经久不衰、绵延不绝的历史底蕴。

　　党和国家领导人历来重视被称之为"冷门绝学"的甲骨文等古文字研究。2016 年，习近平总书记在全国哲学社会科学座谈会上的讲话中明确要求："还有一些学科事关文化传承的问题，如甲骨文等古文字研究等，要重视这些学科，确保有人做、有传承。"2019 年，习近平总书记致信祝贺甲骨文发现和研究 120 周年。2022 年 10 月，习近平总书记在河南安阳考察时指出："殷墟出土的甲骨文为我们保存 3000 年前的文字，把中国信史向上推进了约 1000 年。""中国的汉文字非常了不起，中华民族的形成和发展离不开汉文字的维系。"

　　金文作为记录在青铜器上的文字，是古文字研究的重要内容。随州作为青铜器出土重镇，位于汉水以东、随枣走廊腹地，商周时期考古学遗存丰富。尤其是近年的考古发掘证实，曾国与周天子同出一脉，西周初年分封立国于今随州市一带。曾国文化积淀深厚、历史悠久，在中华文明多元一体格局形成中具有重要的作用。曾国出土青铜器数量众多、特色鲜明。尤其是曾国的核心地带随州以青铜器为显著特色，被誉为"青铜器王国"。

　　近年来，我们一直致力于推动曾侯乙编钟申报"世界记忆名录"

工作。2017 年，联合国教科文组织文化助理总干事弗朗西斯科·班德林访问武汉期间曾与我会面，班德林也建议曾侯乙编钟申报"世界记忆名录"。"世界记忆项目"（MoW）是联合国教科文组织 1992 年发起的，如甲骨文等珍贵遗产已入选"世界记忆名录"。该项目旨在保护世界文化遗产，促进文化遗产利用，提高人们对文献遗产重要性的认识。

众所周知，1978 年曾侯乙编钟出土于湖北随州曾侯乙墓，年代距今约 2400 年，是迄今为止世界上规模最大、保存最完整的出土青铜编钟，是全球最重要的考古发现之一。编钟共八组 65 件，铸有铭文 3755 字（包括钟体铭文 2828 字，挂件铭文 740 字，钟架横梁刻文 187 字），其主要内容是音乐文献。我曾在接受记者采访时指出，曾侯乙编钟代表了中国先秦礼乐文明与古代青铜铸造技艺的巅峰。曾侯乙编钟的出土地湖北随州，在商周时期是中原王朝的"南土"。编钟铭文记录了曾、周、楚、晋、齐、申等国的律名，涉及长江、黄河流域的多个诸侯国，涵盖地域广泛，体现了南北文化的交融，是中华文明多元一体的例证。2023 年，曾侯乙编钟成功入选第五批中国档案文献遗产名录，为下一步申报"世界记忆名录"打下了坚实的基础。

近年来有关曾国的重大考古发现应接不暇，曾国系列考古发现被列入全国百年百大发现，叶家山、文峰塔、汉东东路、枣树林等墓地先后出土了大量青铜器，青铜器铭文的数量激增，引起国内外学界的广泛关注。但是金文用古文字书写，专业学者阅读尚且有一定的难度，对于社会大众来说更是难上加难。然而社会大众对金文抱有极大的热情，对中华优秀传统文化表现出浓厚的兴趣。如何实现青铜器铭文的普及，让古奥难读的金文发挥其时代价值，是摆在我们面前的一道难题。

我院考古工作者凡国栋同志是土生土长的随州人，对考古学、古文字素有研究。2017 年编纂出版的《金文读本》一书得到读者的好评。此次，他精选曾国重要青铜器铭文 50 余件，用通俗的语言介绍给广大读者，希望让社会大众能够读懂深藏博物馆的青铜器铭文，了解铭文背后承载的历史信息。作为一次尝试，希望能够开启金文注译的新范式，为学术普及注入新的活力。

方勤　湖北省文物考古研究院院长

# 前　言

　　曾国考古自 1978 年曾侯乙墓发现以来引起学界瞩目，甚至引发了学界关于所谓"曾随之谜"的长达半个世纪的探索。自 2011 年以来随州叶家山、文峰塔、郭家庙、枣树林先后捧回 4 个"全国十大考古新发现"，堪称近年来现象级的考古发现。曾国考古的上述发现，不但出土了大量造型、纹饰俱佳的青铜器，尤其值得称道的是内容丰富多彩的青铜器铭文，完整揭示了一个"名不见经传"的曾国历史，有学者称其为挖出来的曾国，考古写就的《曾世家》。

　　本书以曾国重大考古发现为线索，试图从青铜器铭文的角度来展示曾国深厚的礼乐文明积淀，厘清曾侯世系，揭示不为史书所载的曾国七百余年历史。

　　曾国铜器的最早著录是宋代薛尚功的《历代钟鼎彝器款识法帖》。1932 年安徽寿县的李三孤堆楚王墓多次被盗，出土了大量重要文物，其中就包括曾姬无恤壶，这是近代以来曾国青铜器的首次出土。1966 年，湖北省京山市坪坝镇苏家垄发现 97 件曾国铜器，引起学界广泛关注。1978 年随州擂鼓墩东团坡发掘举世闻名的曾侯乙墓，引发了学界艳称的"曾随之谜"的猜想。近年，随着愈来愈多的曾国青铜器出土，特别是叶家山出土南公簋与枣树林、文峰塔墓地出土曾侯三钟（曾公㝷钟、嬭加钟、曾侯與钟），为这一问题的解决提供了重要的证据。铭文记载显示，西周早期受昭王之命"建于南土"的姬姓曾国与东周时期的曾国一脉相承，前后相继，既平息了西周早期曾国的族姓之争，同时也证明了金文中出现的曾国即传世文献中的随国。所谓"曾随之谜"得以完美破解。

　　曾国铜器广泛出土于湖北、河南、四川、安徽、江苏等地，而大批量考古出土则集中在湖北的随州、枣阳、京山三地，尤以随州为最。据初步统计，传世与考古出土曾国青铜器总数超过万件，其中铭文铜器近 600 件，青铜器铭文总字数约 13000 字。若加上竹简等其它材质文字，曾国文字的总数远远超过 20000 字，足以跻身文字材料最为丰富的周代诸侯国之一。曾国文字过去通常被归入楚系文字中，随着曾国文字材料的逐渐增多，曾国文字鲜明的特征也开始显现，逐渐有学者注意到曾国文字的独特性，开始将曾国文字作为一个独立的文字体系来看待。特别是近年曾国文字的研究呈现出较强的活力，涌现出一些现象级的研究潮流，引领着其他相关文字研究的发展。

曾侯乙墓是曾国文字资料第一次集中大量出土，据《曾侯乙墓》考古发掘报告，该墓共出土文字材料 12696 字，其中竹简墨书文字 6696 字、青铜铭文 4947 字（其中编钟铭文 2828 字），其它文字 1053 字（包括石编磬刻文、石编磬墨书文、木器刻文、衣箱漆书文字、圆木饼墨书文字等）。

近年曾国文字材料集中出土于随州枣树林墓地。该墓地共清理发掘墓葬 110 余座，出土铜器 2000 余件，铜器铭文约 6000 字。其中曾公畎单件镈钟铭文最长的达 312 字，为春秋时期单件铭文最长的铜器。

本书原计划收录 100 件曾国青铜器铭文，采铜于山，难度可想而知。经过反复斟酌，最后选定 49 件青铜器铭文作为代表。算上附带介绍的器物 5 件，实际收录曾国青铜器数量为 54 件，约占曾国铭文铜器的十分之一。

本书选择的标准大致有如下几个方面的考虑：1. 出土地点尽量广泛，时间跨度尽量大，尽可能全面反映曾国的不同区域在七百年发展历程中的历史面貌；2. 铜器器类尽量丰富、铭文蕴含信息具有较高研究价值，能够透过零散的信息串联出宏阔的历史场景；3. 所选青铜器铭文尽量是笔者熟悉的内容，以免误导读者。

笔者曾参与过随州叶家山、枣阳郭家庙、京山苏家垄、随州枣树林等墓地的考古发掘与整理工作，早期发表的考古简报中大部分铭文也由笔者作出初步释读，对相关青铜器的出土背景和铭文内容比较熟悉。其中一些比较重要的器物还有专文论述，如叶家山墓地出土的 𣄰子鼎、祖己鼎、麻于尊，枣树林、文峰塔墓地出土的曾侯三钟（曾公畎钟、嬭加钟、曾侯與钟）等。因此，本书所选曾国青铜器铭文基本上都是笔者较为熟悉、有过深入研究的内容。本书近一半的内容来自笔者近几年关于曾国铜器研究的论文，只是在形式上将诘屈聱牙、难以卒读的论文改写成零章碎简，以知识点的形式穿插入相应的铭文之下。延展阅读部分的内容涉及范围较为广泛。在金文方面，有具体文字的考释，也有古文字考释背景知识的介绍；在青铜器方面，涉及不同类型器物的定名、形制特点、用途；在曾国历史文化方面，涉及曾国的始封、都城、宗族、官制等。延展阅读的篇幅也不拘长短，力求简明扼要。希望这种呈现方式能够让更多专业从业人员之外的普通读者从中受益。

需要指出的是，笔者对部分铭文的释读意见与学界通行的观点有所不同，如叶家山 M111 作为墓主曾侯私名之字有学者主张释作"戻"，笔者仍坚持释为"犹"。又如京山苏家垄 M88 出土嬭克母簠的"邔（郧）"字，发掘简报释"陕"。再如曾侯乙墓出土车害铭文中表示自名之字，学界通行观点释为"鍁（害）"，笔者主张释"钛（害）"等。此类不同观点暂时无法达成一致，有待将来进一步研究探索。

由于笔者认识水平有限，此前在铭文释读过程中存在的问题，学界同好陆续撰文纠正。其中笔者赞同的部分，在本书的释读中予以采用；笔者不同意的部分，亦在相关注释中说明。笔者近年已逐转入考古行当，整日在田野中奔波，弃书不观，见闻不广，难免挂一漏万，存在疏失之处。未能改过的地方，请读者批评指正。

书中使用的器物照片、线图、铭文拓片等资料得到了方勤、郭长江、胡刚、黄凤春等考古发掘项目负责人的大力支持，随州市博物馆项章、包洪波、项君也帮助我搜集到该馆藏品的照片资料，并慷慨允许我在本书中使用，在此表示感谢！

感谢政协随州市曾都区委员会、随州市博物馆领导的信任，让我有机会承担本书的编写任务，同时也有机会发挥所学为家乡的文化事业略尽绵薄之力。生于斯长于斯，随州的山水滋养我成人；随州的出土文物精彩绝伦，源源不断地输出滋养，对此唯有感恩，永远也无法报答。

# 凡　例

1. 全书简体，必要时用繁体。

2. 正文包括图版、著录、释文、注释、延展阅读、进阶篇目。

3. 图版用器物照片和拓片。

4. 著录只选一两种常见的。编序以地系物，以时为序。

5. 释文宽式，假借字用括号标出，重文符号、合文符号直接写出，在注释中说明。

6. 注释从简，有定论的直接用定论，没有定论的用"一说""有人认为"等列出一两条解释。限于本书的性质和篇幅，引用他人成果不一一标明，详见后面的参考文献。

7. 关于器物出土、收藏、断代等放在注释〔1〕中说明。

8. 延展阅读部分知识性和可读性结合，既有文字学基本知识的融入，也有适当的背景介绍和相关故事。

9. 进阶篇目列出进一步了解相关学术问题的参考文献。

# 目　录

# 一　随州叶家山器群

　　叶家山墓地位于湖北随州市东北部约 20 千米的淅河镇蒋寨村八组。墓地位于南北走向的椭圆形岗地上，岗地高出周围农田约 8 米。漂河自东北环绕墓地北部及西部注入涢水（府河）。墓地南距西花园及庙台子遗址约 1 千米，地理坐标为东经 113° 27′ 28″、北纬 31° 45′ 22″，海拔高程 88 米。

　　2010 年底，当地农民在进行农田改造时发现青铜器。经国家文物局批准，2011—2013 年湖北省文物考古研究所对叶家山墓地进行了考古发掘，共揭露 8000 余平方米，发掘墓葬 140 座、马坑 7 座，出土了大批保存完好的西周早期的铜、陶、玉、原始瓷等珍贵文物。

　　墓地经过规划，葬式一致，判断为一处西周早期曾侯墓地。根据墓葬规模、随葬品及青铜器铭文，至少可判定有三位曾侯埋葬于此。这是迄今所见最为清楚的西周早期南方国高等级墓地。其中 M111 新发现了一套由 1 个镈钟和 4 件甬钟所组成的编钟，是迄今所见我国西周时期出土数量最多、年代最早的成套双音编钟，对研究我国古代乐悬制度及音乐发展具有重要的学术价值。多座曾侯墓葬出土铜锭，这在全国西周墓地中绝无仅有，可以证明西周早期的曾国已有了自己独立的青铜冶铸业，为研究南方"金道锡行"提供了非常重要的实物依据。

随州叶家山 2011 年发掘航拍

随州叶家山 2013 年发掘航拍

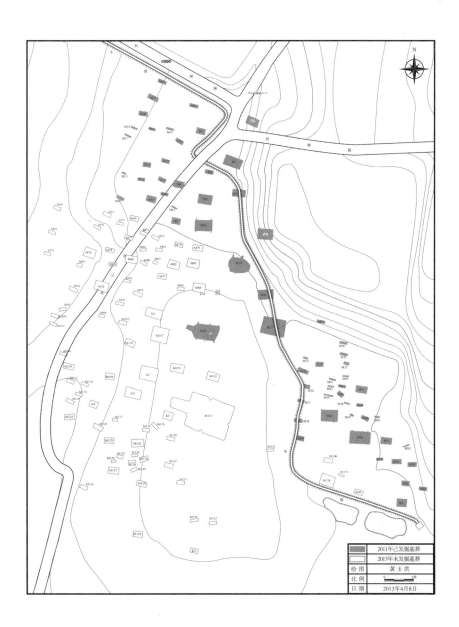

湖北随州叶家山墓地 2011 年、2013 年墓葬分布总图

# 1. 师方鼎[1]

【图版】

【释文】

帀（师）[2]作父癸[3]
宝隮（尊）彝[4]。

【著录】

《文物》2011年第11期；《考古》2012年第7期；《随州叶家
山》071

**【注释】**

〔1〕2011 年出土于湖北随州叶家山墓地 M1，现藏湖北省博物馆。

〔2〕帀，原形作 ，同墓出土铜器铭文或从自，写作 、。均可释为"师"字。"师"为作器者的人名。

〔3〕癸，日名。十天干之一。父癸，师的父辈，作器祭祀的对象。

〔4〕尊、彝均为古代酒器，金文中多连用为各类酒器的统称，亦以泛指酒器之外的其余青铜礼器。

**【延展阅读】**

### 1. 古文字的装饰笔画——趁隙加点

清代学者王筠最早注意到文字中有些笔划并不表意只是起装饰作用的现象。他在《说文释例》一书中指出："古人造字，取其百官以治，万民以察而已。沿袭既久，取其悦目，或欲整齐，或欲茂美，变而离其宗矣。此其理在六书之外，吾无以名之，强名曰文饰焉尔。"此后，唐兰、汤余惠、何琳仪等也关注到古文字的这一特点，并从不同的角度对这一现象进行研究。刘钊在《古文字构形学》一书中首次把饰笔纳入古文字构形学体系进行专题性研究，并对饰笔作了定义："饰笔，又称装饰笔划、美画、赘笔，是指文字在发展演变中，出于对形体进行美化或装饰的目的添加的与字音字义都无关的笔划，是文字的羡余部分。"书中举例说明饰笔在文字符号化过程中的演变轨迹，揭示这一现象对古文字考释工作的重要意义，总结出 20 多条"饰笔"的演变规律。

饰笔的一种常见现象是"趁隙加点"，即用添加点、圈或"口"旁的方式造成字形笔画间"等距"的效果，或通过添加各种"饰笔"来追求字形的匀称和饱满。

师方鼎铭文中的"师"字与常见的"师"字相比，显然是在构形的基础上加上四点，同样的例子还有如下加上四点、四圈、四口之例：

表一

| 果 | | |
|---|---|---|
| 金 | | |
| 黑 | | |
| 会 | | |
| 夆 | | |
| 商 | | |

## 2. 关于日名的解释

殷墟甲骨卜辞和商代金文中常见殷商贵族使用日名的现象。所谓日名是以甲、乙、丙、丁等十种天干字为祖先命名的一种称名方式，如祖甲、父乙、母辛、妣丁等。日名何以产生一直广受学界关注，但时至今日仍然没有定论。相关的说法大致有如下数种：

（1）生日说。班固《白虎通义·姓名》说："殷家质，故直以生日名子也。"又说殷时"于民臣亦得以甲乙生日名子"。

（2）死日说。董作宾认为："成汤以来以日干为名，当是死日，非生日。"其理由是："如果甲乙等是生人的名，自然以生日为标准，比较合理，若生前不用甲乙，死后才用甲乙作神主之名，又在甲乙日祭祀，则把甲乙说为以死之日为标准，更觉恰切。"

（3）庙号说。《史记·殷本纪》司马贞《索隐》引谯周云："夏殷之礼，生称王，死称庙主，皆以帝名配之。天亦帝也，殷人尊汤，故曰天乙。"顾炎武《日知录》卷二《帝王名号》也认为夏以前帝王有名而无号，至商代始有以十干为号者，及周初周公制谥而十干之号不立。

（4）祭名说。王国维指出："殷之祭先，率以其所名之日祭之，祭名甲者用甲日，祭名乙者用乙日，此卜辞之通例也。"

（5）致祭次序说。陈梦家认为卜辞中的庙号既无关于生卒之日，也非追名，乃是致祭的次序；而此次序是依了世次、长幼、及位先后、死亡先后，顺着天干排下去的。凡未及王位的，与及位者无别。

（6）日名卜选说。李学勤认为是商王刚去世时，用占卜法所选择的日名。

（7）生前政治势力的分类说。张光直认为，是以死者生前在亲属宗族系统中的地位为根据，而作的去世后在祭祀礼仪系统中所属范围的归类。在商王室内，政治势力最大的两组，隔代轮流执政。

### 3. M1 墓主身份

M1 位于叶家山墓地最北部，与 M65、M28、M111 等三座曾侯大墓同样位于墓地中轴线位置。虽然其墓葬规模与南侧的三座曾侯级大墓存在差距，但是墓葬随葬品类丰富，酒器包括觚 2、爵 3、斝 1、觯 1、尊 1、卣 1、方彝 1，食器包括方鼎 4、圆鼎 4、甗 1、簋 1、簋 2。其中兽面纹大镬鼎通高 56 厘米，与 M111 出土最大祖辛鼎相当。随葬四件方鼎通高均达到 23 厘米，达到商周时期中型方鼎的规模，有铭青铜器中有 7 件鼎为"师"所作，大致可以认为"师"为墓主私名。综合多种因素分析，M1 墓主人的社会等级很高，地位与南侧的三位曾侯相当，极有可能为曾侯的直系亲属。

### 4. 方鼎

青铜礼器是"明贵贱、辨等列"的标志，是统治阶级的权力和地位的象征。

从考古发现来看，方鼎的数量远远少于圆鼎。从铸造技术难度来看，方鼎铸造工艺更为复杂。因此，方鼎是青铜礼器中的核心器物，它在整个商代和西周前期的礼器组合中占有极其重要的位置。一般而言，墓中出土方鼎的形制大小和数量多少，直接反映了墓主身份的高低。

杨宝成的研究将通高大于 50 厘米的方鼎称为大型方鼎，通高在 20—50 厘米之间的方鼎称为中型方鼎，通高小于 20 厘米的方鼎称为小型方鼎。

大型方鼎多配对出土，凡出土大型方鼎的墓，墓主多属商代的国王及其配偶，如 1976 年小屯 M5（商王武丁配偶妇好墓）出土的后母辛方鼎（亦称为司母辛方鼎），通高 80.1 厘米，重 128 千克，造型规整，庄重大方，堪称王室重器。而 1939 年殷墟王陵区出土的后母戊方鼎（亦称为司母戊方鼎）通高 133 厘米，重 832 千克，形制巨大，造型雄伟，工艺精湛，是青铜方鼎中的王者，也是迄今为止中国发现的青铜时代最大最重的青铜器。

中型方鼎或单件或配对出土，凡出土中型方鼎的墓，墓主均为高中级贵族。其中出土二件中型方鼎者多属国君，出土一件中型方鼎者多数为王室重臣，少数为方国国君。

小型方鼎配置形式多样，或一件、或二件、或三件、或四件。

除出土四件或三件两型小方鼎的墓主为方国国君或其夫人外，其它出土一、二件者，多属中小贵族。

司母辛方鼎　　　　　　　　　　　　　司母戊方鼎

**【进阶篇目】**

1. 刘钊：《商周金文的装饰美》，《中国书法》2023 年第 7 期。

2. 刘钊：《古文字构形学》（修订本），福建人民出版社，2011 年。

3. 叶玉英：《二十世纪以来古文字构形研究概述》，《出土文献与古文字研究》（第二辑），复旦大学出版社，2008 年。

4. 张富祥：《商王名号与上古日名制研究》，《历史研究》2005 年第 2 期。

5. 张昌平：《论随州叶家山墓地 M1 等几座墓葬的年代以及墓地布局》，《中国国家博物馆馆刊》2012 年第 8 期。

6. 杨宝成、刘森淼：《商周方鼎初论》，《考古》1991 年第 6 期。

7. 申文喜：《殷墟出土青铜方鼎选粹》，《文物天地》2024 年第 4 期。

# 2. 父癸觚<sup>〔1〕</sup>

**【图版】**

**【释文】**

<sup>〔2〕</sup>父癸。

**【著录】**

《文物》2011 年第 11 期；《随州叶家山》077；《华章重现》第
136—137 页

**【注释】**

〔1〕2011 年出土于湖北随州叶家山墓地 M1，现藏湖北省博物
馆。

〔2〕，族氏铭文。可能为"宀""圭"两族的复合型族氏铭
文。也有学者释作"瓒"，将该字分析为上作"同"，下作玉柄形器
的形体。倒着看的话就是将玉柄形器置于"同"中。

【延展阅读】

## 1. 族氏铭文

族氏铭文，或称之为族徽。学界主流意见认为是家族标识，两个以上可以单独使用的族氏铭文合在一起又被称之为"复合族徽"。

关于"复合族徽"的解释，学界目前流行的有"族氏层级分化"和"族氏联合"两种解释。"族氏分化说"认为一个氏族在从母族分化出来后，会把母族的氏名写在新氏名的前面，如此形成两个氏名的复合，继续分化下去则形成三个、四个氏名复合。"族氏联合说"的具体的解释有：（1）亲近的族氏联合做器；（2）两个族徽分别表示父族和母族；（3）两个族徽分别表示夫族和妻族，为妻女作器会出现作器者和受器者两个氏名。

但是上述两说都存在难以解释的难题，因此曹大志创立新说。他认为"族徽"是作器者署名，是亲属、职衔称谓。关于这个问题，学界暂时无法达成统一认识，有待进一步研究。

### 表一　叶家山墓葬族氏铭文

| 出土单位 | 族徽种类 | 族徽 | | 资料来源 |
|---|---|---|---|---|
| 叶家山 M1 | 3 | M1:010 爵 <br> M1:013、020 觚 | M1:015 斝 | 《文物》2011 年第 11 期 |
| 叶家山 M27 | 6 | M27:3 壶 <br> M27:7 觯 <br> M27:8 觯 | M27:11 觯 <br> M27:28 簋 <br> M27:13 觚 | 《文物》2011 年第 11 期 |
| 叶家山 M28 | 2 | M28:168 觯 | M28:172 爵 | 《江汉考古》2013 年第 4 期 |
| 叶家山 M65 | 2 | M65:51 父己 | M65:53 簋 | 《江汉考古》2011 年第 3 期 |
| 叶家山 M111 | 2 | M111:84 鼎 | M111:109 罍 | 《随州叶家山》 |

## 2.觚的命名

觚是商周时期最常见的青铜器，其定名始于宋代。吕大临在《考古图》中将带有棱的大酒杯之类的酒器称为觚。

2010年，吴镇烽公布了一件新见"内史亳同"铜器，其铭文曰："成王锡内史亳醴祼，弗敢虒，作祼同。"铭文虽短，但却十分重要。其中尤为重要的一点，即该器的自名为"同"，应是这类器物的自名。与此相关，山西翼城大河口墓地M1出土两件觚形器，其中一件有铭文作"燕侯作瓒"。铭文中的"瓒"也是该觚形器的自名。

将出土文献和实物资料互相验证，现在学界一般认为，宋人命名为觚的器物实际上自名为"同"。"瑁"是圭瓒（复合玉柄形器的一种）的同帽，同是器，瑁是盖。"瓒"则是柄形器和觚形器的组合。

良渚卞家山漆觚（现藏良渚博物院）

内史亳同器物及铭文

燕侯作瓒器及铭文

叶家山 M28 出土漆瓿、铜瓿

**【进阶篇目】**

1. 何景成：《商周青铜族氏铭文研究》，齐鲁书社，2009 年。

2. 曹大志：《"族徽"内涵与商代的国家结构》，北京大学中国考古学研究中心、北京大学震旦古代文明研究中心编：《古代文明》（第 12 卷），上海古籍出版社，2018 年。

3. 严志斌：《商代青铜器铭文研究》，上海古籍出版社，2013

年。

4. 王长丰：《殷周金文族徽研究》，上海古籍出版社，2015 年。

5. 雒有仓：《商周青铜器族徽文字综合研究》，黄山书社，2017 年。

6. 吴镇烽：《内史亳丰同的初步研究》，《考古与文物》2010 年第 2 期。

7. 王占奎：《读金随札——内史亳同》，《考古与文物》2010 年第 2 期。

8. 李零：《商周酒器的再认识——以觚、爵、觯为例》，《中国国家博物馆馆刊》2023 年第 7 期。

9. 山西省文物考古研究院等：《山西翼城大河口西周墓地一号墓发掘》，《考古学报》2020 年第 2 期。

10. 董莲池：《新出西周燕侯觚铭"瓒"字考及相关问题探讨》，《中国文字研究》2020 年第 2 期。

11. 黄锡全：《湖北出土商周文字辑证》（增补本），武汉大学出版社，2019 年，第 733—734 页。

# 3. 女子鼎 [1]

【图版】

**【释文】**

丁子（巳），王大祓（祐）[2]。戊午[3]，

斤子蔑厤（历）[4]，敞白牡一[5]。

己未[6]，王赏多邦

白（伯）[7]，斤子丽（逦）[8]，赏穟（禾甹）

卤（卣）[9]、贝二朋[10]，用乍（作）文

母乙隣（尊）彝[11]。

**【著录】**

《文物》2011年第11期；《随州叶家山》084；《礼乐汉东》第83页；《华章重现》第44—55页

**【注释】**

〔1〕2011年出土于湖北随州叶家山墓地（M2∶2），现藏随州市博物馆。

〔2〕"祓"为"祐"之古文，助祭。字亦见于保卣（《集成》5415）、保尊（《集成》6003），其云："遘于四方，会王大祀，祓（祐）于周。"也有学者认为相当于甲骨文中的"坐"或"又"，读为"侑"，即文献中的报祭。

〔3〕戊午，即丁巳的次日。二字在行尾合占一字的位置，可以看作是合文。

〔4〕斤字暂无确释。目前有释耒、释斗、释荆、释犁等不同意见。斤子，作器者之名。

蔑厤（历），指上对下的勉励嘉奖，详见下文。

〔5〕敞，疑读为尝。陈侯午敦（《集成》4646—4648）、陈侯因资敦（《集成》4649）载有"以登以尝"一语，多数学者均读作"以烝以尝"，《国语·鲁语上》："先臣惠伯以命于司里，尝、褅、蒸、享之所致君胙者，有数矣。"韦昭注："秋祭曰尝，夏祭曰褅，冬祭曰蒸，春祭曰享。"烝、尝均为祭名。

白牡，即白色公牛。《诗经·鲁颂·閟宫》"白牡骍刚，牺尊将将"，毛传："白牡，周公牲也。骍刚，鲁公牲也。"孔疏："《说文》云：'𤚐，特也。'白牡谓白特，骍𤚐谓赤特也。"《礼记·郊特牲》"诸侯之宫县，而祭以白牡"，郑注："白牡，大路，殷天子礼也。"

〔6〕己未，戊午的次日。

〔7〕邦伯，古代用以称一方诸侯之长。《尚书·召诰》："命庶殷侯甸男邦伯。"孔传："邦伯，方伯，即州牧也。"多邦伯犹言多邦之伯。

〔8〕丽，读为逦。与尹光鼎（《集成》2709）、听簋（《集成》3975）、保员簋（《近出》484）的"逦"字意义相同。关于"逦"字的用法，学术界意见并不统一。有学者认为训作"侍"。有学者认为读作"列"，意为"列于其位"。有学者认为读作"酾"，意为作器者在盟会宴享中担任酾酒的角色。也有学者读作"赞"，即担任傧相的角色。

〔9〕𣄴，上从夭下从鬯，可隶定作秬，疑为"矩鬯"二字合文。金文"䰩鬯一卣"多见，相当于《诗经·大雅·江汉》"秬鬯一卣"。鬯为宗庙祭祀所用的香酒，以郁金香和黑黍酿成。叔簋（《集成》4132）有"郁鬯"，乃郁金香所酿之鬯。

〔10〕贝，商末周初金文中常见的赏赐物。朋，贝的计量单位。

〔11〕文母乙，作器者𠂤子的母亲，日名为乙。

## 【延展阅读】

### 1. 合文

所谓合文也叫做合书，从殷商延续到战国时期，是古文字中一种特殊而又常见的文字书写形式。合文在形式上是一个字形，但仍然作为多个字使用，其读音和意义都没有任何变化，与合体字不同。

有学者统计，甲骨文合文有300多例，金文合文有100多例，其中《新甲骨文编》收合文数量为 202 个，《金文编》所收合文的数量为 78 个，总体上呈现出数量减少的趋势。

关于合文的形体结合方式，何琳仪《战国文字通论》指出战国文字中存在位置借用、笔画借用、偏旁借用、形体借用等四种合文现象。这一分析对甲骨文、金文中的合文也适用。

从类别上看，合文多用于表示先祖先妣、职官、数量短语、时间等。大多数合文几乎成了固定的文字书写形式，某些字连用，不管在什么语境，始终是以合文的形式呈现。

合文举例：

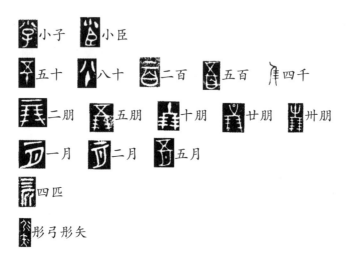

### 2. 蔑曆（历）

"蔑曆"为商周金文中常见用语，其释读是一个长期吸引并困扰研究者的疑难问题。不同的解释方案，有数十种之多。长期以来异说纷纭，莫衷一是。近年来，随着相关文字材料的增多，一些新的看法逐渐为学界接受。从语法的角度考察，"蔑曆"组合出现在上级对下级的勉励、嘉奖的语境中，下面以 A 代表上级，B 代表下级，其典型结构大致可归纳为如下几种。一式：A 蔑 B 曆；二式：A 蔑曆；三式：B 蔑曆 A；四式：B 蔑曆于 A；五式：B 蔑曆（包含承前省 B

形式）。其中一式最为最常见。二式为一式之省。三式为四式之省。五式承前省略，可视作四式之省。

从"蔑厤"五种形式看，二字可离可合，因此释读的方案必须能同时满足离、合两种情况。读为"蠠没""密勿""黾勉"等联绵词的说法不可信。过去最为流行的意见是把"厤"读为"历"，把一式"A 蔑 B 厤"理解为 A 嘉勉 B 的行历功绩，这就意味着把"A 蔑 B 厤"看作"A 蔑 B 之厤"，其中"蔑 B 厤"是动宾结构，"B"为领格。近年王志平的"伐劳"说，季旭升、黄锡全等的"蔑廉"说，在语法理解上也同此。于省吾之"厉翼"说，李零之"伐矜"说，则只着眼于连用的"蔑厤"，将之理解为并列式结构，此说自难以推及"A 蔑 B 厤"式。管燮初则认为各种组合中的"蔑厤"都是动补式，"厤"表结果，读为"函"。朱其智、张延俊、吕晓薇等则认为"蔑 B 厤"是双宾语结构，张、吕二氏还将"蔑厤"解释为"赏赐佳肴"。陈剑也同意将"蔑 B 厤"分析为双宾语结构，认为"蔑"与"被"义近，"厤"应读为"懋"，"A 蔑 B 懋"意为"A 覆被 B 以勉励"，"B 蔑懋"或"B 蔑懋（于）A"，则为"B 受到（A 的）勉励"。陈斯鹏主张"蔑厤"读为"勉劳"，"勉某劳"即勉某人之劳，单用时"勉劳"为并列动词，当属目前最合理的解释。

### 3. 岐阳之盟

不少学者指出彳子鼎铭所记时日与事件均与保卣相关，并提出成王岐阳之盟的问题。据铭文记载保卣反映的是周王"大祀祓"时的情况，而当时王殷见东方诸侯，日在乙卯，接下来便是彳子鼎所记，丁巳日举行"大祓"，再过两天对来朝诸侯进行赏赐，整个典礼才告完成。总体上看，保卣所记岐阳之盟的前半部分，即祭祀之前，彳子鼎反映的是后半部分，即祭祀以后。两者合观，岐阳之盟典礼的始末便大体清楚了。按之历史记载，《左传·昭公四年》："六月丙午，楚子（楚灵王）合诸侯于申，椒举言于楚子曰：'……

霸之济否，在此会也。夏启有钧台之享，商汤有景亳之命，周武有孟津之誓，成有岐阳之蒐，康有酆宫之朝，穆有涂山之会，齐桓有召陵之师，晋文有践土之盟……'"杜预注云："（周）成王归自奄，大蒐于岐山之阳。岐山在扶风美阳县西北。"传文所说成王岐山之蒐，实际是诸侯的会盟。杜注凿定其时在自伐奄回归之时，是根据《尚书·多方》的序推想的，不一定可信，但对岐阳地理位置的说明是准确的。《国语·晋语八》又云："昔成王盟诸侯于岐阳，楚为荆蛮，置茅蕝，设望表，与鲜牟守燎，故不与盟。"一般认为这条记载也是讲"岐山之阳"这次会盟。犭子鼎的发现印证了保卣的记载，铭文也与传世文献的若干记载相合，内容十分重要。

**【进阶篇目】**

1. 凡国栋：《随州叶家山新出"犭子鼎"铭文简释》，罗运环主编：《楚简楚文化与先秦历史文化国际学术研讨会论文集》，湖北教育出版社，2013 年。

2. 何琳仪：《战国文字通论》，中华书局，1989 年，第 224—225 页。

3. 刘钊：《古文字中的合文、借笔、借字》，《古文字研究》（第二十一辑），中华书局，2001 年。

4. 黄锦前：《说荆子鼎铭文中的"丽"》，《曾国铜器铭文探赜》，科学出版社，2020 年。

5. 李零：《西周金文中的"蔑厤"即古书中的"伐矜"》，《出土文献》（第八辑），中西书局，2016 年。

6. 陈剑：《简谈对金文"蔑懋"问题的一些新认识》，《出土文献与古文字研究》（第七辑），上海古籍出版社，2018 年。

7. 陈斯鹏：《金文"蔑厤"及相关问题试解》，《出土文献》2021 年第 3 期。

8. 李学勤：《斗子鼎与成王岐阳之盟》，《中国国家博物馆馆刊》2012 年第 1 期。

9. 于薇：《湖北随州叶家山 M2 新出犭子鼎与西周宗盟》，《江汉考古》2012 年第 2 期。

　　10. 黄锦前：《荆子鼎与成王岐阳之盟》,《中国国家博物馆馆刊》2013 年第 9 期。

# 4. 曾侯谏鼎[1]

【图版】

【释文】

曶（曾）侯谏[2]

乍（作）宝彝。

【著录】

《文物》2011 年第 11 期；《华章重现》第 46—47 页

【注释】

〔1〕2011 年出土于湖北随州叶家山墓地 M2，现藏湖北省博物馆。

〔2〕曾，原文写作曶，不从口，与西周早期中甗（《集成》949）

铭文中的"曾"字写法相同。侯，爵位。谏，人名。

## 【延展阅读】

### 1. 曾字本意

甲骨文"曾"写作 ，中甗铭文"曾"，犹承甲骨文构形作 。常见的曾字其下添加"口"形作 ，或添短横作"曰"作 ，后为篆文所本。《说文解字·八部》(《说文解字》以下简称《说文》)："曾，词之舒也。从八、从曰，四声。"于省吾指出甲骨文的 即是"曾"字初文，用作地名或祭名。陈初生引朱芳圃之说认为"曾"为"甑"的初文。甑甗以炊饭，与鼎以烹肉同。其器下体承水，上体盛饭，中设一算，金文曾字从田即象其形，"田""四"形正像蒸饭之"饭算"用以蒸食。上出的"八"字形，有学者认为是蒸汽形，也有学者认为是器物上部附耳之形。

### 2. 所谓"五等爵"

所谓"五等爵"制是以五个不同的爵称即公、侯、伯、子、男对周代贵族进行称名的制度。如《礼记·王制》云："王者之制禄爵：公、侯、伯、子、男，凡五等。"《周礼·地官·大司徒》记载："乃建王国焉，制其畿方千里而封树之。凡建邦国，以土圭土其地而制其域。诸公之地，封疆方五百里，其食者半；诸侯之地封疆方四百里，其食者三之一；诸伯之地，封疆方三百里，其食者参之一；诸子之地，封疆方二百里，其食者四之一；诸男之地，封疆方百里，其食者四之一。"

古史辨以来的学者对所谓"五等爵"制普遍提出怀疑，如郭沫若就认为五个爵称并无定制，地方诸侯可以任意选择其中的一个对自己进行称谓。这种观点也一时占据上风，几乎成为定论。但是后来的研究表明，《春秋》中地方诸侯的爵称还是相当有规律的，而且文献中对大部分地方诸侯爵称的记载与他们自作铜器铭文中的称谓是一致的。

有学者利用新出金文材料考察西周时代侯的身份特殊性及侯称公、伯的几种情况，强调侯的外服军事职官性质，辨析侯、公、伯等名号之间的区别与联系。也有学者认为五等爵称中只有侯、男是诸侯称呼，公、伯、子实际上分别指年长位高者、伯长及嫡长子、族长及宗子，故广泛用于贵族称号，并不限于诸侯的范围。

目前学界比较普遍的共识是认为公、侯、伯、子、男五个称谓均出现于西周金文和文献资料中，但是它们并没有形成一个按照特定原则和逻辑进行排列以体现等级差别的一种爵位制度，因此可以认为西周时期并不存在所谓"五等爵"。

### 3. 曾国的爵命为侯

根据曾国历次考古发现，叶家山西周早期曾国墓地有两代曾侯分别为曾侯谏、曾侯犺；春秋中期枣树林墓地连续三代曾侯分别为曾公眪、曾侯宝和曾侯得；春秋晚期文峰塔 M1 墓主人为曾侯與，战国早期擂鼓墩 M1 的墓主人为曾侯乙，战国晚期文峰塔 M18 墓主人为曾侯丙。此外还有曾侯戻、曾侯邸等。以上各代曾国国君年代跨度从西周早期一直延续至战国晚期，除了曾公眪和曾公得称"公"以外其余均称侯，因此基本上可以确认曾国的爵称为侯。那么曾侯何以被称之为曾公呢？

有研究成果总结了周代诸侯称公的几种情况：第一，天子三公或王者之后；第二，爵为侯、伯、子、男，但兼任王之卿士者；第三，诸侯国内臣民尊称其君为公；第四，死后谥称。据文献记载，诸侯的爵称一般情况是固定不变，除非周王室重新颁赐爵位，册命之后才能改服称公。如令方彝（《集成》9901）记载："王令周公子明保尹三事四方……明公朝至于成周。"班簋（《集成》4341）记载："王命毛伯更虢城公服，……王令毛公……"以上两个例子中，明保受命担任执政大臣后改称明公，毛伯在受命继承虢城公服之后才改称毛公。根据编钟铭文"王格我于康宫"，曾公眪应该是在康宫面见周天子，而在西周金文中，宗庙也是册命仪式举行最常见的地方。虽然册命的程式及其具体内容铭文没有反映，但是曾公睬很可能在这次册命中取得了"公"的爵命。

**【进阶篇目】**

1. 陈伟武：《两件新见曾国铜器铭文考述》，《中山大学学报》（社会科学版）2009年第5期。

2. 傅斯年：《论所谓五等爵》，《历史语言研究所集刊》（第二本第一分），中华书局，1987年。

3. 杨树达：《古爵命无定称说》，《积微居小学述林》，中华书局，1983年。

4. 郭沫若：《金文所无考·五等爵禄》，《金文丛考》，人民出版社，1954年。

5.〔日〕小川茂树：《五等爵制的成立——左氏诸侯爵制说考》，《东洋史研究》1937年第3期。

6. 王世民：《西周春秋金文中的诸侯爵称》，《历史研究》1983年第3期。

7. 陈恩林：《先秦两汉文献中所见周代诸侯五等爵》，《历史研究》1994年第6期。

8. 李峰：《论"五等爵"称的起源》，李宗焜主编《古文字与古代史》（第三辑），台北"中研院"史语所，2012年。

9. 朱凤瀚：《关于西周封国君主称谓的几点认识》，《两周封国论衡》，上海古籍出版社，2014年。

10. 刘源：《"五等爵"制与殷周贵族政治体系》，《历史研究》2014年第1期。

# 5. 作宝瓒蘹〔1〕

【图版】

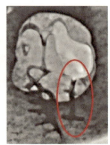

【释文】

乍（作）宝
瓒〔2〕蘹〔3〕。

【著录】

《文物》2011年第11期；《随州叶家山》098

**【注释】**

〔1〕2011年出土于湖北随州叶家山墓地 M27（M27∶10），现藏湖北省博物馆。

〔2〕瓒，祼礼中的重要器具之一。《周礼·鬱人》："鬱人掌祼器。凡祭祀、宾客之祼事，和鬱鬯，以实彝而陈之。凡祼玉，濯之，陈之，以赞祼事。"郑玄注："祼器，谓彝及舟与瓒。"近来有学者结合自名为瓒的玉柄形器，并参考大量考古资料指出，"瓒"是复合体玉柄形器与觚形器的组合。

〔3〕蘿，即鑵或罐，或许是此类器物的自名。

**【延展阅读】**

**1."瓒"字的释读及祼礼**

金文中有一个学界现在一般释作"瓒"的字，常出现在如下文例中：

乙巳，子见在太室，白□一、玐琅九、牲百牢，王赏子黄瓒一、贝百朋，子光赏厹丁贝，用作己宝盥。襞。（商代晚期）

厹（�）丁尊（《集成》6000）

唯正月甲申，夋格，王休赐厥臣父夋瓒、玉祼、贝百朋。对扬天子休，用作宝尊彝。（西周早期）　　夋簋（《集成》4121）

王命虞侯矢曰：鄹侯于宜，赐鬯鬯一卣，璋瓒一□、彤弓一、彤矢百、旅弓十、旅矢千……（西周早期）

宜侯矢簋（《集成》4320）

赐汝瓒四、璋毂、宗彝一肆、宝，赐汝马十四、牛十，赐于乍一田，赐于圉一田、赐于队一田，赐于戥一田，卯拜手稽手（首），敢对扬夋伯休，用作宝尊簋。卯其万年子子孙孙永宝用。（西周中期）　　卯簋盖（《集成》4327）

唯四月，王工，从，斳格仲，仲赐斳瓒，斳扬仲休，用作文考

尊彝，永宝。（西周中期）　　　　　　　　　　　斩尊（《集成》5988）

公亲曰多友曰："余肈使汝，休，不逆，有成事，多擒，汝静京师，赐汝圭瓒一，钖钟一肆，镐鋆百钧。"多友敦对扬公休，用作尊鼎，用朋用友，其子子孙永宝用。（西周晚期）

　　　　　　　　　　　　　　　　　　　　　　　多友鼎（《集成》2835）

王蔑敔历，使尹氏授赉敔：圭瓒、䌽贝五十朋，赐田于敦五十田，于早五十田，敔敢对扬天子休，用作尊簋，敔其万年子子孙孙永宝用。（西周晚期）　　　　　　　　十月敔簋（《集成》4323）

赐汝秬鬯一卣、圭瓒、夷讯三百人，罰稽首，敢对扬天子休，……（西周晚期）　　　　　　　　　　　师訇簋（《集成》4342）

锡汝秬鬯一卣，裸圭瓒宝，……（西周晚期）

　　　　　　　　　　　　　　　　　　　　　　　毛公鼎（《集成》2841）

字形如下所示：

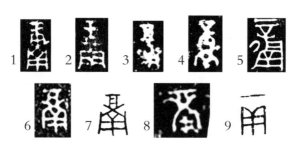

1 叀（匽）丁尊、2 焚簋、3 宜侯矢簋、4 卯簋盖、5 斩尊、
6 多友鼎、7 十月敔簋、8 毛公鼎、9 师訇簋

**金文中的"瓒"字**

上述字形的上部似玉璋、玉圭形，其下似盛放裸玉的器物，整体象玉璋或玉圭植于器物中待灌之形。特别是新出现的自名为"同"的内史亳觚的出现，使得"瓒字象实玉于同"的论说获得了更多的支持。

鲜簋（《集成》10166）铭文记载有"裸玉三品"，有学者指出当指行祼礼的三种玉瓒，即圭瓒、璋瓒和璜瓒。三者形制有所差别圭瓒首部似圭，呈梯形或盝顶形；璋瓒首部分似半圭状，呈不规则梯形或扁牌形；璜瓒弧形弯曲似璜，形如弯月。有学者考证小臣䧹玉柄形器自名的瓒字，结合考古出土实物，更加明确地提出，瓒是通名，举凡圭、璋、璜、珙及璧、琅、珥均可为用为祼礼之瓒。瓒可总而言之指复合形玉柄形器，也可析而言之，指其中某个组成部分。

**表一**

| 圭瓒 | 璋瓒 | 璜瓒 |
| --- | --- | --- |
|  |  |  |
| 长安张家坡 M302：15 | 长安张家坡 M121：30 | 长安张家坡 M58：13 |

小臣䧹玉柄形器

至于盛器之物，虽然从字形上看瓒是被置于“同”中加鬯酒以灌的，但是“同”作为“瓒”字的构形部件出现，并不能说明瓒仅只濯灌于“同”中，如郑玄即认为祼器有彝有舟，目前金文中可见觚形器、觯形器自名为“瓒”的例子。以此推想，爵、角、斝之类的酒器皆有作为祼器使用的可能。因此，准确地说，相关字形反映的是古人在祼礼中将瓒施于彝器以鬯酒灌之以祀神（或享人）的事实。

## 2.觯的自名

"觯"见于先秦时期的文献。如《仪礼·乡饮酒礼》曰:主人"实觯酬宾"。《礼记·礼器》:"尊者举觯,卑者举角。"《韩诗》载:"一升曰爵,二升曰觚,三升曰觯,四升曰角,五升曰散。"《说文》:"觯,乡饮酒角也。"可见,从东周至东汉时期,古人都将觯视为一种饮酒器。

我们现在习以为觯的一类青铜器源于宋人《博古图》,然而宋人认定的器名往往是存在问题的。从西周金文看,所谓觯的器物极少有带自名的,但是仅有的几个例子也为研究提供了线索。

### 表二 觯类器的自名情况

| 自名 | 时代 | 铭文 | 著录 |
|---|---|---|---|
| 瓒鑵 | 西周早期 | 作宝瓒鑵 | 《文物》2011年第11期 |
| 鑵 | 西周中期 | 鼐妖进作父辛鑵,亚束。 | 《集成》9594、《铭图》10860 |
| 旅鑵 | 西周早期 | 仲作旅鑵 | 《集成》9986、《铭图》19230 |
| 饮鑵 | 西周中期 | 伯作饮鑵 | 《铭图》10855 |
| 饮壶 | 西周中期 | 白(伯)乍(作)姬畬(饮)壶 | 《集成》6456 |
| | 西周中期 | 昊仲乍(作)倗生饮壶,勾三寿懿德万年。 | 《集成》6511 |
| 觜 | 春秋晚期 | 隹(唯)正月吉日丁酉,徐王义楚择余吉金,自酢(作)祭鍴,用亯(享)于皇天,及我文考,永保台身,子孙宝。 | 《集成》6513 |
| | 春秋晚期 | 义楚之祭觜 | 《集成》6462 |
| | 春秋晚期 | 徐王尗又之觜 | 《集成》6506 |

综上，宋人所谓铜觯在西周时期实际上自名为"鑵"，因为铜器称名存在"相关替代"的现象，因此也可称为"饮壶"。东周时期徐国将其称之为"鍴"可能体现的是一种地域特色。

**【进阶篇目】**

1. 贾连敏：《古文字中的"裸"和"瓒"及相关问题》，《华夏考古》1998 年第 3 期。

2. 臧振：《玉瓒考辨》，《考古与文物》2005 年第 1 期。

3. 方稚松：《释殷墟花园庄东地甲骨中的瓒、裸及相关诸字》，《中原文物》2007 年第 1 期。

4. 杨州：《金文"品"及"裸玉三品"梳析》，《山西师大学报》（社会科学版）2007 年第 3 期。

5. 李小燕、井中伟：《玉柄形器名"瓒"说——辅证内史亳同与〈尚书·顾命〉"同瑁"问题》，《考古与文物》2012 年第 3 期。

6. 严志斌：《小臣𫖳玉柄形器诠释》，《江汉考古》2015 年第 4 期。

7. 周忠兵：《释甲骨文中的"觯"》，《古文字研究》（第三十辑），中华书局，2014 年。

8. 谢明文：《谈谈金文中宋人所谓"觯"的自名》，《商周文字论集》，上海古籍出版社，2017 年。

9. 曹斌：《关于青铜觯的定名和器用问题》，《北方民族考古》（第二辑），科学出版社，2015 年。

# 6. 曾侯谏作媿壶[1]

【图版】

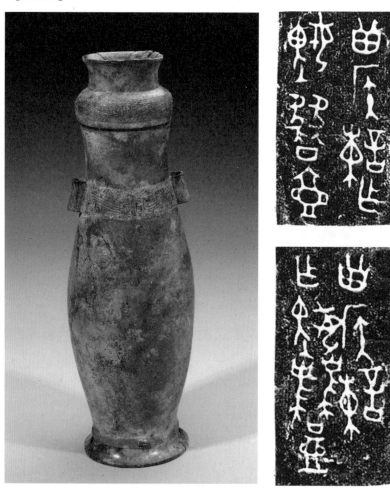

【释文】

曶（曾）侯谏

乍（作）媿[2]肆[3]壶。

**【著录】**

《江汉考古》2013 年第 4 期；《随州叶家山》038；《华章重现》

第 95 页

**【注释】**

〔1〕2011 年出土于湖北随州叶家山墓地 M28（M28：178），现

藏随州市博物馆。

〔2〕媿，姓氏。传世文献中也写作"怀"。

〔3〕肆，将牲体剔解而后在案上祭陈的一种方法，引申用作祭

祀的名称。《诗经·小雅·楚茨》："济济跄跄，絜尔牛羊，以往烝

尝。或剥或亨，或肆或将。"郑玄笺："有肆其骨体于俎者。"《周

礼·地官·大司徒》："祀五帝，奉牛牲，羞其肆。"郑玄注："进

所肆解骨体。"贾公彦疏："羞，进也；肆，解也。谓于俎上进所解

牲体于神坐前。"《周礼·春官·大祝》："凡大禋祀肆享祭示，则

执明水火而号祝。"郑玄注："肆享，祭宗庙也。"

**【延展阅读】**

**1. 怀姓九宗**

《左传·定公四年》成王分封诸侯，"分唐叔以……怀姓九宗，

职官五正……启以夏政，疆以戎索"。叔虞在周初被封于唐，实际是

周人接管晚商时期晋南地区商系势力范围的必要措施。而在周公东

征，天下大定之后，周系势力已无继续居于险地之必要。在这一历

史背景下，迁徙至盆地核心地带，对于其持续发展无疑大有裨益。

燮父由唐迁到自然条件较好的晋，经营区域从大夏周边转至大夏腹心

地带，可以更好的利用晋南地区地理优势，在卫戍周疆的同时，发展

农业经济，获得更大的发展空间，真正做到"启以夏政，疆以戎索"。

对于怀姓九宗的认识，学术界存在不同意见。就近年新公布的

相关资料和晋南地区近年考古发现来看，绛县横水、睢村，翼城大

河口几处墓地为怀姓九宗之墓地似可以成立。

### 2.青铜壶

壶，甲骨文作 🂡 或 🂡，金文作 🂡 或 🂡。《说文》小篆作 🂡。字形一脉相承，皆作整体象形。李孝定曰："契文诸壶字上象盖旁有两耳。盖象腹上环纹，下象其圈足或象旁有提梁之形。"即壶是有盖、有耳、大口圈足容器的象形，这也是主流壶的形制特征。

青铜壶从商代早期出现至战国晚期经历了 1200 多年，在商周青铜器中占有非常重要的地位。目前商周时期青铜壶的数量远超千件，其中不乏造型精美的重器。从形制角度考察，青铜壶主要有提手壶、捉手壶两大类。其中提手壶又有提梁壶、贯耳壶、提链壶的区别。捉手壶则可细分为环耳壶、爬兽耳壶、铺首衔环壶。此外还有无耳壶、瓠壶、扁壶、蒜头壶、特殊造型壶等。

青铜壶可作为酒器、水器，兼作流质的储食器。除实用功能外，青铜壶也是一种重要的礼器。《仪礼·燕礼》："司宫尊于东楹之西，两方壶。……尊士旅食于门西，两圆壶。"《春秋公羊传·昭公二十五年》记载："高子执箪食与四脡脯，国子执壶浆，曰：'吾寡君闻君在外，馂饔未就，敢致糗于从者。'"壶的礼器功能也体现在其自名中，如"尊壶""宗壶""煇壶""祠壶""肆壶""旅壶""田壶"。叶家山 M28 出土铜壶自名"肆壶"乃是金文中首次见到。

## 【进阶篇目】

1. 韩巍：《从叶家山墓地看西周南宫氏与曾国——兼论"周初赐姓说"》，《青铜器与金文》（第一辑），上海古籍出版社，2017 年。

2. 田伟：《叔虞封地探索》，《青铜器与金文》（第八辑），上海古籍出版社，2022 年。

3. 赵谚丽：《青铜壶祭祀类自名简论》，《现代语文》2020 年第 9 期。

4. 裴书研：《试谈商周青铜壶发展演变的基本特点》，《考古与文物》2015 年第 3 期。

# 7. 曾伯作西宫爵〔1〕

【图版】

**【释文】**

<ruby>幽<rt>（曾）</rt></ruby>白（伯）[2]乍（作）西宫[3]
宝隣（尊）彝。

**【著录】**

《江汉考古》2016年第3期

**【注释】**

〔1〕2011年出土于湖北随州叶家山墓地M107（M107：12），现藏随州市博物馆。

〔2〕白，读为伯。指兄弟排行，表示伯长的身份。

〔3〕西宫，为作器者曾伯的父辈，身份应为某代曾君之长子。

**【延展阅读】**

**1. 曾伯的身份与相关遗址的性质**

截至目前，有明确私名的"曾伯"共有曾伯文、曾伯从宠、曾伯宫父穆、曾伯陭、曾伯克父甘娄、曾伯霖六位。随州叶家山M107所出曾伯爵的作器者私名虽然不详，但这是迄今所见最早的一位曾伯。

关于曾伯身份、曾伯与曾侯关系的讨论是近年学界关注的热点问题。张昌平专门论述曾国铜器铭文中"子""伯""仲"称谓，提出曾国青铜器中的伯、仲、叔、季都应该是行辈之称，与爵称无关，曾子、曾孙应当是曾侯后裔等曾国公族的专有称谓。也有部分学者认为曾伯是曾国国君，并将其墓葬所在之地视作曾国的都城。

考察枣阳郭家庙墓地、京山苏家垄墓地的空间布局，随葬器群礼制规格、铜器铭文等现象，不难看出曾伯陭、曾仲斿父、曾伯霖的礼制等级均不及曾国国君。因此有学者明确指出苏家垄M60墓主及曾伯霖均应为曾仲斿父的后代。前者身份应为曾侯之次子，后者则是曾国公族小宗的首领、宗子。因此"曾伯"应为曾侯庶子之后，是曾国公族支系首领。因此相关墓地所对应的遗址显然也不是曾国的都城。

据目前考古发现可以确定，枣阳郭家庙墓地对应的周台、忠义寨遗址可能为曾伯陭家族采邑，京山苏家垄遗址为曾伯霥家族采邑，熊家老湾的考古工作开展的不够充分，但大致也能推定为曾伯文家族采邑。

## 2. 金文中的西宫

"西宫"屡见于传世文献和金文，但是内涵差别较大。传世文献中的西宫为建筑活动场所。如《春秋公羊传·僖公二十年》云："五月乙巳，西宫灾。西宫者何？小寝也。小寝则曷为谓之西宫？有西宫则有东宫矣。鲁子曰：'以有西宫，亦知诸侯之有三宫也。'西宫灾，何以书？记灾也。"

西周铜器铭文中的"西宫"内涵更为复杂。有些作为周王所在的场所。如：

王酓（饮）西宫，烝。　　　　　　　　　　高卣（《集成》5431）
唯王正月初吉，辰在壬寅，夷伯尸（夷）于西宫。

　　　　　　　　　　　　　　　　　　　夷伯簋（《新收》667）
王在西宫，王令寝赐毁大具。　　　　　毁鼎（《新收》1446）

也有部分铭文恐代表某种身份，如：

伯戉肇其作西宫宝，唯用妥（绥）神怀，唬前文人。

　　　　　　　　　　　　　　　　　　伯戉簋（《集成》4115）
伯匜作西宫伯宝尊彝。　　　　　　　　伯匜卣（《集成》5340）
同仲究西宫。　　　　　　　　　　　　几父壶（《集成》9721）

关于"西宫"的内涵，目前学界主要有四种观点：一种观点认为"西宫""南宫""东宫"皆为职官名，是《周礼》宫伯或宫正之类的宫官的省称。另有观点指出"西宫"为氏族或宫室。也有观点认为"西宫"为王室的代名词。针对叶家山 M107 出土铜器铭文中新发现的"西宫"，又有学者指出金文中的东宫、西宫皆指王室宫殿，或诸侯国宫殿中负责国家政务的具体人。

上述观点各执一词，暂时难有一致意见。要之，从文献和铜器铭文来看，"宫"除了指宫室，也可以指宫室的主人，如"东宫"既可指王太子或诸侯世子居住的宫室，也可指该宫室的主人。周王嫔妃所居的"瑂宫"、遗妃所居住的"庚宫"，也可以分别指代周王后妃以及先王遗妃。同时，金文中有的"宫"也可以作为氏名使用，例如"南宫括""西宫襄"等文例。西周早期人物南宫括已被出土曾国彝铭证实，其人为曾国始封君，以"南宫"为氏。李学勤认为"南宫"得氏应与居住的宫室有关，与周王室有着亲属关系，情况应与东宫相似。西周早期单称"南宫"而不称私名者，李氏认为属周朝王子。有学者指出叶家山出土铜器中的"西宫"，应指曾国太庙，庙以文王为祖。周王室有关的"西宫"涵义与其相同，作为宗庙建筑当指文王庙，作为人物代称则专指文王，"西宫"得名与文王曾受封为"西伯"有关。

## 【进阶篇目】

1. 黄凤春：《从叶家山新出曾伯爵铭谈西周金文中的"西宫"和"东宫"问题》，《江汉考古》2016 年第 3 期。

2. 于薇、常怀颖：《叶家山"西宫"爵与两周金文"三宫"及其相关问题》，《江汉考古》2016 年第 5 期。

3. 黄锦前：《西周金文中的"西宫""东宫""南宫"及相关问题》，《曾国铜器铭文探赜》，科学出版社，2020 年。

4. 徐宗元：《金文中所见官名考》，《福建师范学院学报》1957

年第 2 期。

5. 陈公柔：《记几父壶、柞钟及其同出的铜器》，《考古》1962年第 2 期。

6. 张懋镕：《"夷伯尸于西宫"解》，《古文字与青铜器论集》（第二辑），科学出版社，2006 年。

7. 冯时：《周廷遗妃与献妇功》，《考古学集刊》（第 22 集），2019 年。

8. 李学勤：《试说南公与南宫氏》，《出土文献》（第六辑），中西书局，2015 年。

9. 韩雪：《金文"西宫"考》，《江汉考古》2024 年第 5 期。

# 8. 曾侯犺簋[1]

【图版】

盖铭

器铭

**【释文】**

器：曾（曾）侯犹〔2〕乍（作）

宝隩（尊）彝。

盖：作宝彝。

**【著录】**

《江汉考古》2020 年第 2 期；《随州叶家山》060

**【注释】**

〔1〕2011 年出土于湖北随州叶家山墓地 M111（M111：60），现藏随州市博物馆。

〔2〕犹，曾侯之私名。

**【延展阅读】**

**1.“犹”字的释读**

“犹”字，原形作“ ”，同墓所出另一件铜簋作“ ”（A型），字形完全相同。而同墓所出另一件方座簋作“ ”（B型）。笔者作为铭文的整理者，认为 A、B 两型虽有细微差别，实际上为同一个字，将其释作“犹”。有学者认为 A 型字从犬、立声，隶定作“犺”或“狇”。也有学者据三体石经“戾”字古文，将其直接释作“戾”。笔者认为该字仍当释为“犹”，试作说明如下。

该字从犬，各家均无异议，分歧在于对另一部分的认识。究竟是“立”还是“亢”（见表一）。

表一 古文字中的“立”字和“亢”字

| 立 | | | |
|---|---|---|---|
| 亢 | | | |

"立"字从大从一，会人立于地面之意。"亢"字也从人，在其胯下有一小斜笔。《说文》："亢，人颈也。从大省，象颈脉形。"许慎的解释似乎不确，那一斜笔与其说是指颈部，还不如说是指胯部，其造字本意暂不清楚。《广雅·释诂》："亢，遮也。"也有学者据此认为人胯下的那一斜笔是表示遮挡。

"亢"字变化较多，人字下的斜笔常常变化位置，如表中第三例位于胯下，笔画穿过人的下肢。从亢之字的变化更多，有时移动到人字下，从而与"立"字相混。如《中国历代货币大系·先秦货币》著录隶作"夲"的"大""大""大""大""大""大""大""大"等字，旧说有释"夸"和"豪"或"奎"等不同意见。近有学者指出该字实际上均从"亢"，笔者认为这种说法比旧说更加合理。要之，"亢"字偶有与"立"字同形的，"立"字从来不会变化作"亢"字。因此叶家山 M111 出现的 A、B 字只能释作犹。

## 【进阶篇目】

1. 罗运环：《新出金文与西周曾侯》，《陕西师范大学学报（哲学社会科学版）》2015 年第 6 期。

2. 宋华强：《叶家山铜器铭文和殷墟甲骨文中的古文"庚"》，《古文字研究》（第三十辑），中华书局，2014 年。

3. 陈剑：《试说战国文字中写法特殊的"亢"和从"亢"诸字》，《出土文献与古文字研究》（第三辑），复旦大学出版社，2010 年。

# 9. 狁作烈考南公簋[1]

【图版】

【释文】

狁乍（作）烈考[2]南

公[3]宝障（尊）彝。

【著录】

《江汉考古》2020年第2期；《华章重现》第178—179页

【注释】

〔1〕2011年出土于湖北随州叶家山墓地M111（M111：67），现

藏随州市博物馆。

〔2〕考，指已死亡的父亲。《释名·释丧制》："父死曰考。"《楚辞·离骚》："帝高阳之苗裔兮，朕皇考曰伯庸。"王逸注："父死称考。"《春秋公羊传·隐公元年》："惠公者何？隐之考也。"何休注："生称父，死称考。"

〔3〕南公，南为南宫的省称。南公指曾侯犺的父亲南宫括。

## 【延展阅读】

### 1. 南宫与南公

南宫屡见于传世文献，如《尚书·君奭》："惟文王尚克修和我有夏，亦惟有若虢叔，有若闳天，有若散宜生，有若泰颠，有若南宫括。"《尚书·泰誓》："予有乱臣十人，同心同德。"郑玄注："十人，周公旦、召公奭、太公望、毕公、荣公、太颠、闳天、散宜生、南宫适及文母。"南宫括亦作南宫适，或南宫忽，是周初辅佐文王、武王的重臣之一。

西周金文中也多见南宫，如宋代出土"安州六器"之一的中方鼎（《集成》2751、2752）和中觯（《集成》6514.1、6514.2）就记载有南宫。此外还见于甾乍父己觯（《集成》6504）、叔⿰夨攵肇作南宫鼎（《集成》2342）、吴王姬鼎（《集成》2600）、白乍南宫簋（《集成》3499）等，晋侯墓地 M6081 还出土有两件南宫姬鼎。

"南公"则首见于大盂鼎（《集成》2837）。相传此鼎于清道光年间在陕西岐山县礼村出土，现藏中国国家博物馆。铭文中大意是周康王二十三年，周王对盂的告诫与厚望，文中三次出现了"南公"，即"井（型）乃嗣祖南公""赐乃祖南公旂""作祖南公宝鼎"。从铭文内容可知，"盂"为"南公"之孙。此后，有关"南公"的铭文不断增多。其中，比较重要的有 1979 年出土于陕西扶风县豹子沟的南宫乎钟（《集成》181），其铭文如下：

司土南宫乎乍大林协钟，兹钟名曰无昊，先且（祖）南公、亚且（祖）公中（仲），必父之家。天子其万年眉寿，畯永保四方，配

皇天，乎拜手稽首，敢对扬天子丕显鲁休。用乍朕皇且（祖）南公、
亚且（祖）公中（仲）。

该钟年代大约在西周晚期的宣王之世。从钟铭看，司徒南宫乎
直言"南公"为其先祖，可知"南公"之"南"应是"南宫"的省
称。"南宫"应是氏称，与西周早期的"南公"同源。

近年随州文峰塔墓地（包括枣树林墓地）先后出土曾侯舆钟、
嬭加钟、曾公畎钟等三件与"南公"相关的重要铭文，皆追述了曾
国建国史，具体内容略有不同（表一）。

表一

| 曾公畎钟 | 嬭加钟 | 曾侯舆钟 |
|---|---|---|
| 丕显高祖，克仇匹周之文武。<br>淑淑伯括，小心有德。召事上帝，遹怀多福。佐佑有周，□神其声。<br>受是丕宁，丕显其灵，蔺蜀祇敬。<br>……<br>皇祖建于南土，蔽蔡南门。誓应京社，适于汉东。<br>南方无疆，涉征淮夷，至于繁阳。 | 伯括受命，帅禹之堵，有此南洍。 | 伯括上帝，佐佑文武。达殷之命，抚定天下。<br>王遣命南公，营宅汭土，君庇淮夷，临有江夏。 |

上述三铭皆述及曾国始祖南公的功绩，在南土分封建国，其战
略意义在于协助周王室经略南方淮夷，巩固"金道锡行"这一关涉
到青铜资源获取的重要通道的安全，以藩屏周王室。

## 2. 方座簋

方座簋从造型上看是在圈足簋的基础上加铸一个方形的器座，
抬升器物高度以便于与鼎匹配。有学者指出方座簋的产生很可能与
商周之际青铜禁的出现有关，甚至直接称之为"禁簋"。方座簋的年
代从西周早期一直持续到战国中晚期，流行区域从陕西宝鸡地区到

中原大地，后来又遍及长江南北。

目前存世的方座簋约 200 件，占青铜簋总数的约 10%。方座簋大多铸造精良，纹饰繁缛、做工精良，是高等级贵族身份地位的象征。特别是四耳的方座簋造型奇特，其主人有强伯、鄂叔、太保、宜侯、邢侯、曾侯等，多为诸侯与王朝重臣。方座簋多有铭文。著名者有大丰簋、利簋、德簋、格伯簋等。铭文最长的牧簋总字数达221 字。方座簋有时成套出现，如宰兽簋 4 件一组，㝬簋更是 8 件一组。方座簋通常出土于高等级贵族墓葬中，如北京琉璃河燕国墓地、山西侯马晋侯墓地、陕西宝鸡强国墓地、湖北随州叶家山曾国墓地。周厉王铸造的㝬簋高 59 厘米、重 60 千克，堪称簋中之王，是当之无愧的王器。

强伯方座簋

㝬簋

利簋

痶簋

【进阶篇目】

1. 黄凤春、胡刚：《说西周金文中的"南公"——兼论随州叶家山西周曾国墓地的族属》，《江汉考古》2014 年第 2 期。

2. 凡国栋：《曾侯與编钟铭文束释》，《江汉考古》2014 年第 4 期。

3. 李学勤：《曾侯腆（與）编钟铭文前半释读》，《江汉考古》2014 年第 4 期。

4. 黄凤春、胡刚：《再说西周金文中的"南公"——二论叶家山西周曾国墓地的族属》，《江汉考古》2014 年第 5 期。

5. 郭长江、李晓杨、凡国栋、陈虎：《嬭加编钟铭文的初步释读》，《江汉考古》2019 年第 3 期。

6. 郭长江、凡国栋、陈虎、李晓杨：《曾公畎编钟铭文初步释读》，《江汉考古》2020 年第 1 期。

7. 李学勤：《试说南宫与南宫氏》，《出土文献》（第六辑），中西书局，2015。

8. 田成方：《曾公畎钟铭初读》，《江汉考古》2020 年第 4 期。

9. 陈民镇：《曾公畎编钟铭文补说》，《汉字汉语研究》2020 年第 4 期。

10. 黄益飞：《南公与曾国封建》，《故宫博物院院刊》2020 年第 7 期。

11. 陈民镇：《钟铭所见曾国早期历史》，《中国社会科学报》2020 年 10 月 19 日第 4 版。

12. 朱凤瀚：《枣树林曾侯编钟与叶家山曾侯墓》，《中国国家博物馆馆刊》2020 年第 11 期。

13. 张懋镕：《西周方座簋研究》，《考古》1999 年第 12 期。

14. 张懋镕：《再论西周方座簋》，《陕西历史博物馆馆刊》（第九辑），2002 年。

15. 张懋镕：《青铜簋：仿陶青铜器器类演进的典型代表》，《古文字与青铜器论集》（第六辑），科学出版社，2019 年。

# 10. 太保钺[1]

【图版】

【释文】

太保[2]带（？）[3]

【著录】

《江汉考古》2020 年第 2 期

【注释】

〔1〕2011 年出土于湖北随州叶家山墓地 M111（M111：415），

现藏随州市博物馆。

〔2〕太保，监护与辅弼国君之官，与太师、太傅合称"三公"。《大戴礼记·保傅》："昔者周成王幼，在襁褓之中，召公为太保，周公为太傅，太公为太师。保，保其身体；傅，傅其德义；师，导之教顺，此三公之职也。"《汉书·百官公卿表》："太师、太保，皆古官。平帝元始元年皆初置，金印紫绶。太师位在太傅上，太保次太傅。"

〔3〕带，人名。整理者将其释作"虘"，与字形不符。

**【延展阅读】**

**1. 释"带"**

铭文中作为"太保"私名的字，写作，整理者释作"虘"。同时整理者已经指出在出土与传世青铜器中有一组所谓"太保盚"所作青铜器，包括鼎7（《集成》2157—2159、《铭图》1530、《铭图续》104、《铭图》1531、《集成》2372）、舳1（《铭图》9820）、戟1（《新收》600）、戈1（《集成》10954）。整理者认为"盚"与"虘"二人为父子关系。所谓的"盚"字字形如下：

太保方鼎　　　　　太保戈

从文字的写法来看，金文中相关字形如表一所示：

表一

| 虘 | 小盂鼎 | 虘作父辛爵 | 史墙盘 |
|---|---|---|---|

续表

| 黹 | 九年卫鼎 | 即簋 | 颂鼎 |
|---|---|---|---|
| 带 | 太保戈 | 裘盘 | 子犯钟 |

　　整理者释"虘"可能是因为该字不太清晰。该字下部似可看作从且，但是上部显然不像虎头。如果和太保诸器放在一起比较，很容易看出该字与所谓的"黹"字实际上是一个字。因此，应该将该字与原释为"黹"的字一起考虑。

　　古文字中的"黹"字为象形字，所象的花纹与青铜器上常见的云雷纹形近，古人用这种花纹作为衣服、器物上的装饰。《尔雅·释言》："黼、黻，彰也。"郭璞注："黼文如斧，黻文如两己相背。"河南安阳侯家庄殷代墓地出土一个残破的石人立雕，它衣服上的花纹很像两己相背之形。故屈万里认为"黹"是两己相背这种花纹的象形字。

　　古文字中的"带"字也是象形字，所象之形为衣带之形，上下两端象带边的丝绪，中间是"幺（即丝线）"，象丝带交织之形。本义是腰带，引申为佩带、佩戴。

　　"带"和"黹"字形近，其区别是"带"中间从"幺"象丝线交互编织，"黹"中间象两己相背或相向的花纹。其实上述金文中的所谓"黹"字已经有学者正确释为带，《新金文编》也将其列入"带"字条下。

　　因此，金文中只有"太保带"，根本不存在所谓"太保虘"和

"太保鬻"。从年代来看，"太保带"为召公奭的儿子。

### 2. 太保"带"诸器

方鼎 5 件，形制相同，均为夔形足，铭文书写格式一致，均为"作尊彝，太保"（铭文见于《集成》者有三器，编号 2157—2159）。

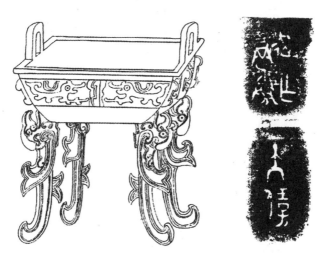

禫鼎（《集成》2157）

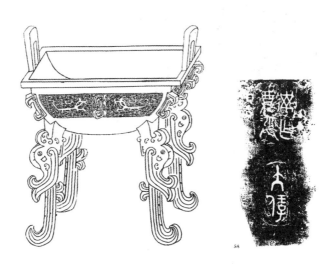

禫鼎（《集成》2158）

徛鼎（《集成》2159）现藏瑞典斯德哥尔摩远东古物博物馆

方鼎 1 件（《集成》2372），现藏日本黑川古文化研究所，铭文作"太保，作宗室宝障彝"。

戟 1 件，1931 年出土于河南浚县辛村，现藏美国弗里尔美术馆。已残，长 21.3 厘米，长胡三穿，内末处镂空，呈牛角形，紧邻镂空处内的正反两面各有一牛头形纹饰，铭文一面为"太保"，一面铭"带"。

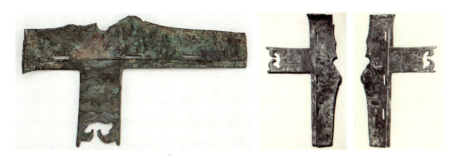

戈 4 件，出土于洛阳北窑 M161。援本较宽，基部饰阳文兽面或夔纹，援呈弧形向下，长胡二穿，内下有一缺角。铭文与上述戟相同，戈内正面铸有铭文"带"字，背面铸有"太保"二字。

上述均为"太保带"所作器物，从洛阳北窑墓地考古发掘来看，"太保带"生前可能居于成周洛阳，死后葬入洛阳北窑墓地，可能为 M161 的墓主。据此，成周洛阳存在召公家族的一支，以官职太保为氏。

结合相关考古发现，大致可以得出这样的推论：西周早期的召公家族世系主要有三支：召公长子克受封为燕侯，其子世袭燕侯一爵为燕侯旨；召公次子召伯父辛承袭了召公的爵位与采邑，世居宗周，召伯虎和生乃其后裔；召公另有一子带居于成周，以职官太保为氏。

### 3. 赐之用钺

钺是身份地位的象征。自新石器时代中期，高等级贵族墓葬普遍出现葬钺现象，不过那时的钺是玉石钺。林沄考证古文字的"王"字本像无柄且刃缘向下的斧钺之形，本表示军事统率权，后来这军事统率权的象征演变为王的权杖，此说已经广为学界接受。随着青铜钺的盛行，玉石钺逐渐处于从属地位，其承担的象征王权与军权功能逐渐为被青铜钺所取代。

有学者曾统计西周随葬铜钺的墓葬不下20座，出土铜钺数量不少于28件。在西周早期，随葬铜钺的墓葬有西安张家坡、翼城大河口、随州叶家山、鹤壁辛村、灵台白草坡、泾阳高家堡、旬邑下魏洛、鹿邑长子口、昌平白浮、洛阳北窑、宝鸡竹园沟等。随葬铜钺多为1—2件，部分可达5件之多。

铜钺的形制较为多样，有A型宽扁半圆形钺、B型长方体夹内钺及C型斧形钺三类。

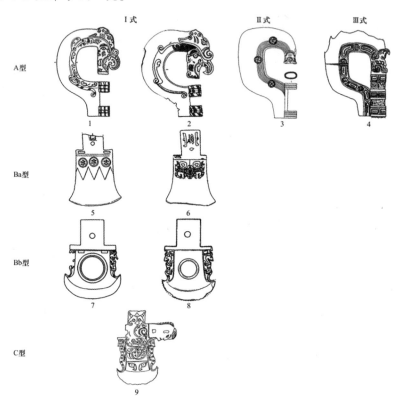

1 叶家山 M111：380、2 辛村 M2：14、3 张家坡 M170：246
4 梁带村 M502：93、5 鹿邑长子口 M1：243、6 高家堡 M4：14
7 北窑 M278：4、8 大河口 M1：225、9 竹园沟 M13：169

其中叶家山 M65、M111 墓主均为曾侯，大河口 M1 墓主人为霸伯，白草坡 M1 墓主人为䤵伯，张家坡 M170 墓主人为井叔，高家堡 M4 墓主人为戈族族长，梁带村 M502 墓主为芮伯，竹园沟 M13 可能为鱼伯。这类墓葬均随葬的 A 型宽扁半圆形钺，无论是从体量还是从制作工艺，均为钺中最为精良的一类。

因此有学者指出 A 型钺是金文所谓"赐之用钺"的指定用器。

**【进阶篇目】**

1. 裘锡圭：《也谈子犯编钟》，《故宫文物月刊》第 13 卷第 5 期。收入《裘锡圭学术文集·金文及其他古文字卷》，复旦大学出版社，2012 年，第 90 页。

2. 鞠焕文：《重新认识一件特殊的有铭青铜兵器》，《出土文献》（第十一辑），中西书局，2017 年。

3. 殷玮璋：《新出土的太保铜器及其相关问题》，《考古》1990 年第 1 期。

4. 殷玮璋、曹淑琴：《周初太保器综合研究》，《考古学报》1991 年第 1 期。

5. 严志斌：《叶家山曾国墓地出土半环形铜钺及相关问题研究》，《考古》2015 年第 5 期。

6. 周要港、刘逸鑫：《西周墓随葬铜钺研究》，《形象史学》2023 年冬之卷（总第 28 辑），中国社会科学出版社，2023 年。

# 11. 祖己鼎[1]

【图版】

【释文】

丁亥，王易（锡）且（祖）己[2]□（秬？）鬯
齺（觯）[3]，易（锡）彤弓[4]，易（锡）贝五朋，
用乍（作）父乙尊彝。、举[5]。

【著录】

《考古学报》2021 年第 4 期；《华章重现》第 151 页

【注释】

〔1〕2011 年出土于湖北随州叶家山墓地 M126（M126：17），

现藏湖北省博物馆。

〔2〕祖己，写在"易"字下面，占一个字的位置，从残存的笔画来看，左边为"且（祖）"，右边为"己"，似是"祖己"合文。

〔3〕笔画模糊难辨，最下的笔画似"口"形，或近似"鬯"字的下部，或释为金文中习见的"秬鬯"二字。秬为黑黍，秬鬯是以黑黍和郁金香草酿造的酒，用于祭祀降神及赏赐有功的诸侯。

䶂，即《说文》训为"小巵"的"舥"。

"秬鬯舥"即"秬鬯一舥"，相当于金文中习见的"秬鬯一卣"。

〔4〕彤弓，赤色（或朱色）的弓。见于《诗经·小雅·彤弓》，毛序："《彤弓》，天子赐有功诸侯也。"一说释作"妣"。

〔5〕🐟、举，均为族氏铭文。一说释作"六八六七一一，黾（？）"。

**【延展阅读】**

**1. 释䶂**

铭文第二行第一字（参下表A1）比较模糊，上从亯，下邑从虫，与亢鼎、季遽父尊的A2、A3接近，差别在于虫、邑的位置左右有别。据字形分析，A字应是一个从邑、亶声的字。亶作为偏旁还见于亶姜鼎、番生簋、利簋（《金文编》第463、875页），郭沫若在考释番生簋时指出C1即"旜"，若旃字，从㫃，亶声或壇省声。亢鼎与祖己鼎铭文中，二者语法位置相同，应该是一个字的不同写法。

表一

| A1 | A2 | A3 | B1 | B2 | C1 | C2 |
|---|---|---|---|---|---|---|
| | | | | | | |
| 祖己鼎 | 亢鼎《铭图》2420 | 季遽父尊《集成》5947 | 亶姜鼎《集成》2028 | 亶伯簋《集成》3526 | 番生簋《集成》4326 | 利簋《集成》4131 |

关于亢鼎的 A2 字，学界讨论比较充分，可以作为我们释读本铭文的参考。马承源认为 A2 从酉，也当是和酉之类，是酒名。黄锡全认为 A2 与 A3 是一字，亢鼎中用作鬯酒的量词，读作"坛"。李学勤以为 A2 即《说文》训为"小卮"的"觛"，说"鬯觛"是盛鬯的小卮，觛乃是赏赐之物。董珊同意黄锡全将 A2 视作量词的观点，但把此字读为"觯"。章水根梳理各家观点后指出，从文义来看，A2 应是鬯酒的量词；从读音来看，"坛"或"觛"与 A2 的关系比"觯"与 A2 更密切。但量词"坛（或罈）"出现的时间是很晚的，因此主张读"觛"为好，"鬯觛"即"鬯一觛"。觛在金文中并不常见，器形作什么样子也说不清楚。我们认为董珊读为觯比较合理，可从。金文中"秬鬯"后常见的量词是"卣"。"卣"，本指盛鬯之物，当用来说明"鬯"的多少时，已由普通名词转化为物量词。本篇铭文"秬鬯觯"相当于习见的"秬鬯一卣"，唯有量词不同，二者可以合观。

### 2. 彤弓、彤矢主征伐

彤弓、彤矢指的是赤色（或朱色）的弓矢。《诗经·小雅·彤弓》所载乃是周王赏赐有功诸侯时所唱的歌诗，毛序："《彤弓》，天子赐有功诸侯也。"李学勤在论述山东高青陈庄出土引簋铭文时候指出："彤弓、彤矢是合文，这个地位很高，相当于诸侯一级，文献中晋文公也不过如此。"王治国指出金文中赏赐的普通弓矢不具有命器性质，而金文中的彤弓、彤矢却多被赐予诸侯，这恰与文献所载相符。他指出，《荀子·大略》："天子雕弓、诸侯彤弓、大夫黑弓，礼也。"《春秋公羊传》定公四年："挟弓而去楚。"何休注："礼：天子雕弓、诸侯彤弓、大夫婴弓、士卢弓。"二者皆言彤弓具有象征诸侯身份的作用，今以金文验之，仅有最新发现的引簋铭文与之略有不符，但器主引受周王命"枫司齐师"，其身份似不低于齐侯，或者器主被周王授以军事方面的特权。总之，由西周金文和相关文献记载来看，普通的弓矢之赐，并不具备锡命意义，只有彤弓、彤矢，才具彰显身份的作用。李裕杓也注意到铜器铭文中少见彤弓和彤矢的赏赐，并总结出其使用场合包括两种，即对战功的赏赐和对封侯的赏赐。

表二

| 彤弓 | 彤矢 | 彤弓 | 彤矢 | 彤 |
|---|---|---|---|---|
| | | | | |
| 应侯视工钟《集成》107 | 应侯视工钟《集成》107 | 伯晨鼎《集成》2816 | 伯晨鼎《集成》2816 | 宜侯矢簋《集成》4320 |

### 3.金文中的✦族和举族

铭文相关文字不是特别清晰，根据残存的笔画释出✦、举二字。均为族氏铭文。✦字目前青铜器中只有三例，其中有两例与"举"族相关。窥尘乍父癸卣（《集成》5360）铭文"亚✦"位于铭文开始位置，而"举"位于铭文末尾。朱凤瀚用族氏分化的理论加以解释，认为"✦"为"举"族的分支。妇婞作母癸罍（《近出二》889）铭文中"✦"也在"举"的前面，李学勤指出此器可与窥尘乍父癸卣系联，"✦"为"举"族的分支。本铭文也是同样的情形，可证✦与举的关系确有可能如朱凤瀚、李学勤所言。从字形看，✦与"束"字比较接近，或许是同一族氏。湖北京山苏家垄出土的西周晚期齍乎簋（《集成》4157）仍然带有"束"字族徽，可能正是✦族的孑遗。

### 表三　商周族氏铭文中的"🜨"族

| | | |
|---|---|---|
| | | |
| 兟盄作父癸卣<br>《集成》5360 | 无夒作父丁卣<br>《集成》5309 | 妇婎作母癸罍<br>《近出二》889 |

**【进阶篇目】**

1. 马承源：《亢鼎铭文——西周早期用贝币交易玉器的记录》，《上海博物馆集刊》（第 8 期），上海书画出版社，2000 年。

2. 黄锡全：《西周货币史料的重要发现——亢鼎铭文的再研究》，中国钱币学会编：《中国钱币论文集》（第四辑），中国金融出版社，2002 年。

3. 李学勤：《亢鼎赐品试说》，《南开学报》（哲学社会科学版）2001 年增刊。

4. 董珊：《任鼎新探——兼说亢鼎》，《黄盛璋先生八秩华诞纪念文集》，中国教育文化出版社，2005 年，第 166—170 页。

5. 章水根：《亢鼎中的"郁"》，《中国文字研究》（第二十一辑），上海书店出版社，2015 年。

6. 李裕杓：《西周王朝军事领导机制研究》，上海古籍出版社，2018 年。

7. 李学勤等：《山东高青县陈庄西周遗址笔谈》，《考古》2011 年第 2 期。

8. 湖北省文物考古研究所等：《湖北随州叶家山西周墓地 126 号墓的发掘》，《考古学报》2021 年第 4 期。

9. 凡国栋：《叶家山 M126 出土青铜器铭文简释》，《华章重现——曾世家文物》，文物出版社，2021 年。

# 12. 麻于尊、麻于卣〔1〕

【图版】

麻于尊

器铭　　　器铭

麻于卣

**【释文】**

麻玗（于）<sup>〔2〕</sup>肈（肇）<sup>〔3〕</sup>畜马、
毇（穀）<sup>〔4〕</sup>，儕（齎）<sup>〔5〕</sup>。用乍（作）父戊<sup>〔6〕</sup>
宝彝。赓册<sup>〔7〕</sup>。

**【著录】**

《考古学报》2021 年第 4 期；《华章重现》第 157—163 页

**【注释】**

〔1〕2011 年出土于湖北随州叶家山墓地 M126（M126∶7、10），
现藏湖北省博物馆。

〔2〕麻于，人名。

〔3〕肈，从戈作，即肇字，开始、创始之意。《尚书·舜典》：
"肇十有二州。"孔传："肇，始也。"《楚辞·离骚》："皇览揆余
初度兮，肇锡余以嘉名。"王逸注："肇，始也。"

〔4〕毇，读为五谷之谷，指代谷物。"畜马、毇"的意思就是储
积马匹和谷物。

〔5〕儕，从亻从齎，读作齎，赏赐义。类似的文例见于五年师
旋簋、麦方尊、晋侯苏钟。表示赏赐义的"儕"，多用于载有重复赐
物行为的铭辞。用"儕"的铭辞中，受赐者的地位都比较高，且战功
显赫。

〔6〕父戊，日名，为该器祭祀的对象，与同墓所出另两个爵的
铭文相同。

〔7〕赓册，族氏铭文。据研究，庚族铜器达 69 件，其中 20 件
有出土地点，多数与"册"组成复合族徽铭文。

**【延展阅读】**

**1. 铭文所见曾国的军事组织**

铭文的大意应该是，麻于开始储积马和谷物，得到赏赐，用来

制作祭祀父戊的祭器。铭文虽然简略，但是信息非常重要。

铭文只是简单地说麻于"畜马、穀"，不过马匹和谷物均为重要战备物资，其官职很可能与军事相关。我们知道，在冷兵器时代军事装备主要在于车马器的生产与马匹资源，前者属于铸铜产业，后者与马政相关。从金文来看，马在西周社会是深受重视的，周王亲自参与的"执驹"礼便是有力的证明（盠驹尊《集成》6011）。与盠驹尊同出的铜器（1955年陕西眉县李家村窖藏出土）中还有两件方彝和一件方尊，其中盠方彝铭文（《集成》9899—9900）记载周王命盠统管"六师眔八师埶（艺）"，于省吾指出"艺"指谷类为言，训为种植，认为盠方彝是说王令盠掌管六师及八师的谷类种艺之事。另外南宫柳鼎（《集成》2805）记载王令作册尹册命南宫柳，令其"司六师牧场、大（虞），司羲夷场佃事"。上述铭文可见位于西周畿内的六师存在牧场、山林水泽、田地，并有官员负责相关事务，具有"兵农合一"的特征。由此可见，铭文记载的麻于"肇畜马、穀"恐怕也不是巧合，其执掌也可能与盠的执掌近似，显示曾国的军队也存在类似周六师的机构。

### 2. 尊卣组合

尊、卣均为酒器。古文字中"尊"字作𤔲、𤔲，像双手捧酒器向人敬酒之意。古文字"卣""卤"本是一字，《说文》误分为两字，甲骨金文作𠧚、𠧚。初文像口小腹大、圜底、上有提梁盛装液体的容器器体下的一画为皿的简省。卣的本意是盛酒器。金文常见赏赐"秬鬯一卣"的说法。正如麻于尊和麻于卣在同一个墓葬成组出现一样。尊、卣在西周墓葬中常常配对成组合出现。

有学者指出，西周铜器尊卣配对有一尊一卣和一尊二卣两种组合模式，且一尊二卣的墓葬往往等级更高。其中一尊一卣配对组合共计24组，一尊二卣配对组合的墓葬有10座，且均为侯伯一级的高等级墓葬。追溯尊卣组合的源头可以发现，西周时期流行的尊卣配对组合，是由晚商时期尊卣组合发展而来的，带有浓厚的"殷礼"色彩。尊卣配对组合的消失，应发生在西周中期前段最晚阶段。在西周中期晚段到西周晚期铜器群中基本不见尊卣配对组合。

**【进阶篇目】**

1. 曹淑琴：《庚国（族）铜器初探》，《中原文物》1994 年第 3 期，第 29—41 页。

2. 于省吾：《略论西周金文中的"六𠂤"和"八𠂤"及其屯田制》，《考古》1964 年第 3 期。

3. 李裕杓：《西周王朝军事领导机制研究》，上海古籍出版社，2018 年。

4. 周博：《试论西周王畿地区的军事装备能力》，《长江文明》2020 年第 2 期。

5. 王祁：《商周铜尊卣配对组合研究》，《考古》2019 年第 3 期。

6. 凡国栋：《叶家山 M126 出土青铜器铭文简释》，《华章重现——曾世家文物》，文物出版社，2021 年。

# 二 随州熊家老湾器群

熊家老湾位于随州市西南约 20 千米，均水北岸的山地与坡地之间。因群众修建房屋，先后于 1970 年、1972 年两次出土青铜器，两个地点相距约 60 米，出土铜器地点海拔高程约 95 米。第一次出土青铜器 6 件：有曾伯文簋 4、曾伯文罐 1、方彝 1。第二次出土铜器 9 件：有黄季鼎 3、曾仲大父簋 2、甗 1、罐 1、盘 1、匜 1。

# 13. 曾伯文簋〔1〕

【图版】

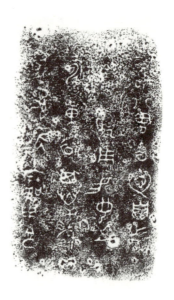

【释文】

唯曾伯文[2]自乍（作）

宝簠，用易（赐）眉

寿黄耇[3]，其万年

子子孙孙永宝用享。

【著录】

《文物》1973 年第 5 期；《集成》4052；《曾青》第 144—148
页；《江汉汤汤》第 139 页；《华章重现》第 209 页

【注释】

[1] 1970 年出土于湖北省随州市均川镇熊家老湾，现藏湖北省
博物馆。

[2] 文，曾伯私名。

[3] 易，读为赐。眉寿、黄耇，均为长寿之意。

【延展阅读】

1. "文"与"宁"

"文"为象形字。甲骨、金文作 𝇌、𝇍、𝇎、𝇏、𝇐 等形。
像纹画交错的样子，或繁或简。《说文》："文，错画也，象交文。"
《左传·隐公元年》"仲子生而有文在其手"，文即纹理。引申而言，
可指施于人体之彩绘。如 𝈒、𝈓、𝈔、𝈕，即刻画之纹饰。《礼
记·王制》："东方曰夷，被发文身。"孔疏："文身者，谓以丹青
文饰其身。"

传世文献《尚书·文侯之命》及金文《分仲钟》《追敦》皆有
"前文人"的说法，但是《尚书·大诰》却均作"前宁人"。有学者
指出因古文"文"字或从"心"……后人遂误释为"宁"。所谓"前
宁人"皆当为"前文人"，指有文德之人。

### 2. 眉寿

金文中与传世文献"眉寿"的"眉"字对应之字一般写作🐚，隶定作𩱱。或从皿作🐚。铭文中从眉、皿，写法较为特殊，也可加氵作🐚。

关于这个字的考释，目前学界意见分歧较大，但均同意其用法相当于传世文献中的"眉寿"。《诗经·豳风·七月》"为此春酒，以介眉寿"，毛传："眉寿，毫眉也。"孔疏："人年老者，必有毫毛秀出者，故知眉谓毫眉也。"

### 3. 黄耇

《诗经·小雅·南山有台》："乐只君子，遐不黄耇。"毛传："黄，黄发；耇，老。"《诗经·大雅·行苇》："曾孙维主，酒醴维醹，酌以大斗，以祈黄耇。黄耇台背，以引以翼。"《诗经·商颂·烈祖》云："绥我眉寿，黄耇无疆。"

朱熹《诗集传》："黄，老人发复黄也。耇，老人面冻梨色如浮垢也。"王先谦《诗三家义集疏》："孔疏引孙炎曰：'黄耇，面冻梨色，如浮垢，老人寿征也。'"

《仪礼·士冠礼》"黄耇无疆"郑玄注："黄，黄发也。耇，冻梨也。皆寿征也。"总而言之，"黄耇"是以老人不仅白而且略带黄色的头发，以及皱纹好像鱼鳞的面部来表示老人长寿。

## 【进阶篇目】

1. 李学勤主编：《字源》，天津古籍出版社，2012年，第790页。

2. 陈英杰：《西周金文作器用途铭辞研究》，线装书局，2008年，第386—390、393—395页。

# 14. 曾伯文罐[1]

【图版】

【释文】

唯曾伯文自乍（作）厥歔（饮）齮[2]，用征行[3]。

【著录】

《文物》1973 年第 5 期；《集成》9961；《曾青》第 149—153 页；《江汉汤汤》第 142 页；《华章重现》第 210—211 页

【注释】

〔1〕1970 年出土于湖北省随州市均川镇熊家老湾，现藏湖北省博物馆。

〔2〕饮，饮用。罍，盛酒或水的一种陶制或青铜制容器。《说文》："瓦器也。从缶畾聲。"饮罍，用以标明器用属性。

〔3〕征行，旅行、远行。《国语·晋语四》："夙夜征行，不遑启处，犹惧无及。"

**【延展阅读】**

**1. 饮罍**

歙（饮）在古文字中作![]、![]、![]、![]、![]，为会意字，象人俯首张口吐舌，就饮流质液体之形。金文中舌形讹变为从"今"，与"人"形分离，变成从欠之形。

1972年熊家老湾另外又出土一件波折纹罍（如下图），2019年又新发现一件曾伯克父罍，左侧的环耳处铭文为"曾伯克父自乍饮罍"。一般认为罍这类器物是由青铜罍进化而来，只是圈足退化成平底。这类器物流行于西周晚期，至春秋开始消失，早期多见于胶东半岛，可能是由山东地区交流传播到曾国一带。

金文中另有"饮盂"，如鲁大司徒元盂（《集成》10316），实为一种匜形器。另外比较常见的是"饮壶"。如異仲壶（《集成》6511）、丼叔壶（《集成》6457）。曾伯克父壶是2019年新发现的自名为"饮壶"之器。这批器物估计应出自随枣走廊一带，后出现在东京的拍卖会上，国家文物局出面将其从海外追回。现藏中国国家博物馆。

熊家老湾波折纹罍

曾伯克父罍

曾伯克父壶

【进阶篇目】

1. 张昌平:《记回归的曾伯克父青铜器》,《文物》2020 年第 9 期。

2. 张昌平:《曾国青铜器》,文物出版社,2007 年,第 172— 174 页。

# 15. 曾仲大父簋[1]

【图版】

【释文】

唯五月既生霸[2]庚申，

曾中（仲）大父盉[3]廼用吉攸（鉴）

叙雒金[4]，用自乍（作）宝毁（簋），盉

其用追孝于其皇考，用

易（赐）眉寿黄耇霝（令）冬（终）[5]，其

邁（万）年子子孙孙永宝用言（享）。

【著录】

《文物》1973 年第 5 期；《集成》4203；《曾青》第 168—171 页；《铭文选》470；《华章重现》第 214 页

【注释】

〔1〕1972 年出土于湖北省随州市均川镇熊家老湾，现藏湖北省博物馆。

〔2〕既生霸，也作"既生魄"。西周时期月相纪日名称。《说文》："霸，月始生霸然也。承大月二日，承小月三日。从月，霩声。""魄"即被视为月的有光面。《尚书·康诰》注引马融云："魄，朏也。谓月三日始生兆朏，名曰魄。"

〔3〕盉，曾仲大父之私名，格式为"行辈+字+名"。

〔4〕吉，读为固，意为坚固、牢固。金文所谓"择其吉金""其金孔吉"均表示铸造铜器的铜料品质上乘。攸（鉴）、叙、雒，均为铸造铜器的金属原料名。

〔5〕霝，《广雅·释言》："霝，令也。"冬，即终。令终，意为善终。

【延展阅读】

1. 月相定点说与月相四分说

月相纪日是周人特有的一种纪日方法，指在纪日的干支日辰前

面附加"初吉""既生霸""既望"或"既死霸"一类月相词语。"既望"的含义比较明确，没有疑问。而"生霸""死霸"之类则随着使用的减少，汉代的学者已经无法正确解释其含义。

最早出现的看法可以称之为月相定点说。此说在汉代已经形成，大致可分为两派：一派认为"霸"指月亮的有光面。《法言·五百》载："月未望，则载魄于西；既望，则终魄于东。"《白虎通·日月》载："月三日成魄。"《说文》载："霸，月始生霸然也。承大月二日，承小月三日。从月，䨣声。"《尚书·康诰》注引马融说也谓："魄，胐也。谓月三日始生兆胐，名曰魄。"另一派认为"霸"指月体的黑暗部分。如《汉书·律历志》引刘歆说："死霸，朔也。生霸，望也。"孟康注曰："月二日以往，月生魄死，故言死魄。魄，月质也。"上述二说，以前一说流传最广，影响最大。

清人俞樾著《生霸死霸考》一文，纠正刘歆之说，认为"惟以古义言之，则霸者月之光也。朔为死霸之极，望为生霸之极"。接着，俞氏申古义曰："一日既死霸；二日旁死霸；三日载生霸，亦谓之胐；十五日既生霸；十六日旁生霸；十七日既旁生霸。……夫月明生为生霸，则明尽为死霸，是故晦日者死霸也。晦日为死霸，故朔日为既死霸，二日为旁死霸。"其基本观点也是月相定点。

在俞樾的认识中，"霸"为月光亮面，"死霸"是一个光亮面逐渐消失的过程，"既死霸"才是指光亮面全部消失，是朔。而刘歆的霸为月质说中，"霸"是月黑暗面，"死霸"是月黑暗面逐渐消失的开始，是朔。说俞樾用刘歆说，实际上是没有注意到二人之间对"既死霸""死霸"认识的区别。

王国维立足西周金文，创立"四分月相说"，目前此说广为学人所接受。其说曰："一曰初吉，谓自一日至七、八日也。二曰既生霸，谓自八、九日以降至十四、五日也。三曰既望，谓十五、六日以后至二十二、三日也。四曰既死霸，谓自二十三日以后至于晦也。"

俞樾、王国维二人的同名文章《生霸死霸考》很好地展现了月相定点说与月相四分说的分歧所在。由于月相四分说与月相定点说在对部分具体史料的解读中都存在一些问题，因此两种观点长期争论不已，也形成了其他一些调和、延伸的解说。就目前来看，四分说及其延伸观点的影响力较大，但也有不同的意见。夏商周断代工程课题组在无法调和旧说的基础上，提出一个较为宽泛的折衷方案。即认为初吉在初一到初八之间；既生霸在初一到十五之间；既死霸在二十四到三十之间。当然这并非定谳，围绕月相名词的争鸣恐将持续下去，相信这样的争鸣有助于揭示月相名词的真正含义。

### 2."廼用吉攸（鉴）叡雒金"句的释读

本篇铭文中"廼用吉攸（鉴）叡雒金"句的释读分歧较大，特别是"金"前的三个字的考释有多种不同说法。黄锡全在《湖北出土商周文字辑证》中指出第三行前面三个字应是金属名，第一字隶定作"叡"，认为该字从自，从又或攴，相当于后世何字待考。其下一字释作"乃"疑假借为鎏、铌、镊之类的金属器名。"吉攸"与曾伯陭壶"吉金镙鋚"类同。"吉攸叡乃鲴金"均为金属原料名，以为铸器之用。张亚初《殷周金文集成引得》释作"叞（捣）乃鸥（酗）"三字。《殷周金文集成释文》隶定释作"叡乃雒"三字。冯时释作"叡"，读为"叉"，训为取，并在该字下断读。下文释作"乃鑄"，读"鑄"为"铸"，认为"铸金"意为镕金成物，毁旧器而铸新器。《曾青》释作"叡乃雒金"为一句，认为如果"叡"为动词，则"雒金"应为某种吉金的专名。苏建洲释读为"叡（取）乃鑄（酗?）金"，认为簋铭的"叡"用为"取金"之"取"。袁金平、梁月娥释为"鑒"，《集韵·先韵》："鑒，刚铁也。"指质地坚硬的金属。

谢明文将相关文字与曾伯克父簋的铭文对读，认为"叡"下之字从字形以及铭文布局来看应是一个字而不宜拆成两字，通过比对字形指出所谓"乃"形加所谓"夕"形应该是"烏"字的讹变，隶作"雦"，并引《说文》："烏，雦也。象形。雦，篆文烏从佳、昔。"将该字读作雦。

### 3. 曾中（仲）大父盉铜器群

曾中（仲）大父盉的铜器除在随州熊家老湾出土外，2014 年，湖北省文物考古研究所在湖北枣阳郭家庙墓地曹门湾墓区的一座小型墓葬中也发现了一件曾中（仲）大父盉的铜鼎（CM51:1）。铭文内容为："曾中（仲）大父盉作尊鼎。"可见在两周之际，熊家老湾与郭家庙这两个曾国遗址之间存在关联。

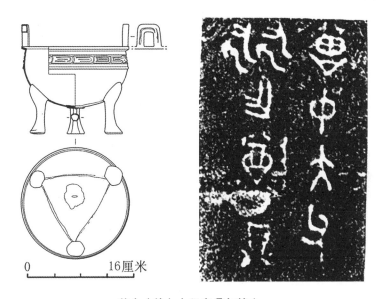

曾中（仲）大父盉鼎与铭文

### 【进阶篇目】

1. 俞樾：《生霸死霸考》,《春在堂全书》, 凤凰出版社, 2010年。

2. 王国维：《生霸死霸考》,《观堂集林》（第一卷）, 中华书局,

2004 年。

3. 陈久金：《西周月名日名考》，《自然科学史研究》1985 年第 2 期。

4. 范鹏伟：《再说月相定点与月相四分》，《中国社会科学报》2021 年。

5. 黄怀信：《以月相纪日法解开西周王年历日难题》，《中国社会科学报》2022 年。

6. 夏商周断代工程专家组：《夏商周断代工程报告》，科学出版社，2022 年，第 55 页。

7. 苏建洲：《〈清华大学藏战国竹简（贰）·系年〉考释四则》，《简帛》（第七辑），上海古籍出版社，2012 年，第 65—78 页。

8. 谢明文：《曾伯克父甘娄簠铭文小考》，《出土文献》（第十一辑），中西书局，2017 年。

9. 袁金平：《清华简〈系年〉中所谓"取"之讹字再议》，《先秦两汉讹字学术研讨会论文集》，清华大学，2018 年 7 月 14—15 日，第 105—110 页。

10. 梁月娥：《西周金文"叹"字补释》，《语言学论丛》2020 年第 2 期。

# 三 随州桃花坡器群

桃花坡墓地位于随州市安居镇西，溠水入涢水口上游约 5 千米处的涢水北岸。1979 年 11 月，安居镇加庙七大队农民在桃花坡修公路时发现一批青铜器。经过考古工作者清理，青铜器属于两座古代墓葬，两墓南北并列，均为土坑竖穴，东西向。其中 M1 出土器物包括鼎 2、簋 4、鬲 4、壶 1、盘 1、匜 1、车軎 2、马衔 2、马镳 2、节约 138 件，以及部分玉器和漆器。M2 出土铜鼎 4、鬲 2、簋 1 等。

# 16. 起右盘〔1〕

【图版】

【释文】

唯起右<sup>〔2〕</sup>自乍（作）用

其吉金宝盘，迺

用万年□孙永

宝用亯（享）□用之。

【著录】

《文物》1982 年第 12 期；《集成》10150；《礼乐汉东》第 154
页；《曾青》第 246—248 页；《江汉汤汤》第 117 页

【注释】

〔1〕1972 年出土于湖北省随州市安居加庙桃花坡，现藏随州市
博物馆。

〔2〕起右，人名。"起"字写法与常见的起字有别，暂从旧释。

【延展阅读】

### 1. 铭文"错版"现象

起右盘铭文内容比较简略，不存在理解上的困难，但铭文中存
在的语句错乱甚至文字倒置现象引起了学者的研究兴趣。黄锡全指
出铭文中的"起"字左下脱止形；"自乍"应在"吉金"之后；第四
行脱"永"字；之、孙倒书。可能是制范时粗疏所致，金文中不乏
其例。张昌平也观察到铭文语法结构异常的现象。"自作用其吉金宝
盘"，当为"用其吉金，自作宝盘"之误。"迺用"一词用法与其他
铭文嘏辞不类。"永宝用享，永用之"叠加使用少见。这种语法的错
乱是诸侯国青铜器制作原始性的一种体现。

夏含夷指出铭文"子""孙""之"三个字是倒过来的。他引述
石璋如、巴纳（Noel Barnard）和林巳奈夫等的研究，对这一现象产
生的原因作出推测。因为铜器铭文多为阴文，所以在铸造过程中需
要在芯上现准备阳文反文的铭文版，如秦公簋的器和盖都带有铭文，

一共120字，在器和盖上的铭文每一个字外头都呈现出单独的范的印迹，在盖上的铭文特别明显。马衡说，秦公簋的铭文"真是活字的创作了"。他推测铭文制作过程中可能采用了类似活字印刷的技术。

崎川隆提出另外一种假说，他推测倒置文字是因为制作铭文的工匠参考的底本是写在壶、盂之类口沿之上的"环形铭文"。识字能力低下的工匠在观察这类环形铭文的后半部分的时候就会出现行款混乱、文字倒置的现象。

**秦公簋铭文**

【进阶篇目】

1.〔美〕夏含夷：《随州安居桃花坡一号墓所出起右盘及其对中国印刷史的意义》，《曾国考古发现与研究》，科学出版社，2018年。

2.〔日〕崎川隆：《关于起右盘"倒置文字"产生的过程和机制》，《古文字研究》（第三十四辑），中华书局，2021年。

# 四 随州周家岗器群

　　周家岗墓地位于漂水西岸，南距随州市 15 千米。1976 年 3 月，万店塔儿湾管理区农民在耕作时发现一批青铜器。闻讯赶来的考古工作者根据出土迹象判断属于墓葬。出土器物包括鼎 2、簋 2、鬲 2、壶 2、盘 1、匜 1、戈 2、车軎 4。墓葬年代属于春秋早期。

# 17. 邦季之伯归夷鼎[1]

【图版】

**【释文】**

郦季[2]之白（伯）归

塞[3]用其吉金，

自乍（作）宝鼎，子子

孙孙永宝用之。

**【著录】**

《考古》1984年第6期；《曾青》第288页；《随粹》48

**【注释】**

〔1〕1976年3月出土于万店塔儿湾周家岗，现藏随州市博物馆。

〔2〕郦，从广从邦，读作邦。邦季，氏称，可能为曾国的小宗邦季氏。

〔3〕塞，读作夷。归塞，人名。郦季之伯归塞，是"氏族＋之＋名"的格式，用来表明其族属。

**【延展阅读】**

**1. 古代文献中的"某之某"类人名**

传世先秦文献中，有一些在族氏和名字之间加结构助词"之"的人名。其格式为"氏族＋之＋名"，助词"之"或可以省略。

《左传》16例：虞有"宫之奇"（僖公二年）；郑有"佚之狐""烛之武"（僖公三十年）；晋有"介之推"（僖公二十四年）；齐有"石之纷如"（庄公八年）、"上之登"（襄公二十三年）、"烛庸之越"（襄公二十三年）、"申鲜虞之传挚"（襄公二十三年）、"夏之御寇"（襄公二十三年）；楚有"耿之不比"（庄公二十八年）、"文之无畏"（文公十年）、"潘尫之党"（成公十六年）；虢有"舟之侨"（闵公二年）；蔡有"文之锴"（哀公四年）；鲁有"孟之侧"（哀公十一年）；周有"庚皮之过"（昭公十二年）。

其他先秦文献 12 例：

《论语·雍也》记鲁人"孟之反"，即《左传》哀公十一年的"孟之侧"，杜注："之侧，孟氏族也，字反。"《礼记·射义》记载孔子弟子名"公罔之裘"，陆德明《释文》："公罔，人姓也，又作冈。之裘，裘，名也。之，语助。"据郑樵《通志·氏族略第三》，"公罔"是以字为氏的复姓。又《史记·孔子世家》记孔门弟子有"颜之仆字叔""施之常字子恒"，"施之常"《新唐书·礼乐志五》称"施常"，齐人，以鲁惠公之子公子尾字施父之字为氏，说亦见《氏族略》。《孟子·离娄下》提到的两个卫国人名"庾公之斯"与"尹公之他"，即见于《左传》襄公十四年的"尹公佗"与"庾公差"。《国语·晋语九》有晋臣"胥之昧"，即《左传》成公十七年之"胥童"。《战国策·齐策三》"孟尝君奉夏侯章"章有齐人名"董之繁菁"。《吕氏春秋·仲春纪·当染》、《孟夏纪·尊师》两见吴大夫名"文之仪"。《战国策·魏策二》"梁王魏婴觞诸侯于范台"章提到晋文公得美女名"南之威"，又称"南威"。《庄子·齐物论》有"骊之姬"即"骊姬"。《吕氏春秋·贵直论·直谏》"丹之姬"即《汉书·谷永传》所提到的"丹姬"。

出土文献 13 例：

龚王之卯、龚之脽："龚王之卯"见于韩自强编著的《阜阳·亳州出土文物文字篇》第 217 号的一件春秋晚期铜戈。"龚之脽"见于《上海博物馆藏战国楚竹书（四）·昭王与龚之脽》篇。楚共王之谥号"共"即"恭"古文字皆作"龚"。所以，"龚王之卯""龚之脽"应分析为：以楚共王之谥号"龚"为其族，"之"为结构助词，"卯""脽"为名。

臧王之墨、臧之无咎、臧王之楚："臧王之墨"见于包山楚简第 8 号简。"臧之无佫（咎）""臧王之楚"见于私人收藏铜戈。在出土文献中，与传世文献中谥法"庄"字相当的字常常使用通假字"臧"。上述三人均为楚庄王的族人，墨、无咎为其私名。

竞坪王之定、竞之上："竞坪王之定"，又名"竞之定"。前者见于 1973 年出土于湖北当阳季家湖楚城遗址 1 号台基的一件所谓"秦王钟"，后者见于 2007 年澳门崇源拍卖会出现的一组青铜器。"竞之上"见于上海博物馆收藏的一件楚媵公量（又称"大市量"）。"竞坪王"即"景平王"，"竞坪"是楚平王的双字谥，楚三大族"屈""昭""景"之"景"氏即取楚景平王谥法的前一字为族称。所以"竞坪王之定""竞之上"均为楚平王的族人，定、上为其私名。

卲王之諻、卲之良、卲王之夻、卲之瘠夫："卲王之諻"见于传世"卲（昭）王之諻"器。"卲之良"见于新蔡葛陵楚墓出土一对骨质弓帽（N:260、261）。"卲王之夻"见于湖南夕阳坡 2 号墓出土竹简。卲之瘠夫见于私人收藏铜戈。四人均为楚昭王之族人。諻、良、夻、瘠夫为其私名。

恕（悼）折（哲）王之慁："恕折（哲）王之慁"见于湖南夕阳坡 2 号墓出土竹简。"恕（悼）折（哲）王"即"楚悼王"，"恕（悼）折（哲）"是楚悼王的双字谥。慁，人名。

武王之童胡：武王之童胡见于传世及湖南出土的铜戈，楚武王之后，名为童胡。

上述各例是《左传》所谓"以字为谥，因以为族"的具体体现。据《左传·隐公八年》记载："无骇卒。羽父请谥与族。公问族于众仲。众仲对曰：天子建德，因生以赐姓，胙之土而命之氏。诸侯以字为谥因以为族。官有世功，则有官族。邑亦如之。公命以字为展氏。"杜预注："诸侯位卑，不得赐姓，故其臣因氏其王父字。或便即先人之谥称以为族。诸侯之子称公子，公子之子称公孙。公孙之子以王父字为氏。无骇，公子展之孙，故为展氏。"孔颖达《正义》："杜意'诸侯以字'，言赐先人字为族也。'为谥，因以为族'，谓赐族虽以先人之字，或用先人所为之谥，因将为族。"

此外，春秋金文中尚有不少"某叔（季）之伯某"之类的例子，作器者应都是某个小宗的家族长。如伯游父诸器，其中伯游父匜铭：

"唯正月初吉丁亥黄季之白（伯）游父乍（作）其……"，伯游父罍：
"唯五月初吉丁亥黄季氏白（伯）马颈君游父乍（作）其……"，对
比两件伯游父壶、一件伯游父盘均云"马颈君伯游父"，可知伯游父
罍"白（伯）"字误倒在上，当作"黄季氏马颈君白（伯）游父"，
与"黄季之白（伯）游父"正可对照。此外还有"䱞（郱）吊（叔）
之白（伯）□□"钟（《集成》87）、"鲁正吊（叔）之𣎴"盘（《集
成》10124）、"淳于公之台豫"戈（《集成》11124、11125）。这些例
子与本器铭文"庰季之伯归垒"最为接近。

**【进阶篇目】**

1. 董珊：《出土文献所见"以谥为族"的楚王族——附说〈左
传〉"诸侯以字为谥因以为族"的读法》，《出土文献与古文字研究》
（第二辑），复旦大学出版社，2008 年。

# 五　京山檀梨树岗器群

　　京山檀梨树岗墓地位于湖北省京山市坪坝镇罗新村。1973 年曾出土一批铜器，具体信息不详。

# 18. 曾太师鼎 [1]

【图版】

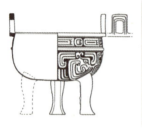

**【释文】**

曾大（太）师[2]

曑與[3]

乍（作）鼎。

**【著录】**

《曾青》第4—7页

**【注释】**

〔1〕1973年湖北省京山市坪坝镇罗新村檀梨树岗，现藏京山市博物馆。

〔2〕太师，职官名。其义有二：一说为三公（即太师、太傅、太保）之一，一说为乐师之长。铭文中的太师可能指前者而言。

〔3〕曑與，人名。

**【延展阅读】**

**1. 太师**

太师是周代职官。根据典籍和金文等资料对太师的记载，约略可知其主要有两种类型。

一类是师傅官，即《周礼》的"师氏"，主要掌管贵族子弟的道德教育，此类职官多因亲近周王而位居三公（即太师、太傅、太保）之一，全面掌控政事、辅佐周王，是周代的高级职官。太公望被认为是周初的太师，与周、召二公合为三公。《诗经·小雅·节南山》："尹氏大师，维周之氐；秉国之均，四方是维。"《诗经·常武》："赫赫明明，王命卿士，南仲大祖，大师皇父。整我六师，以修我戎，既敬既戒，惠此南国。"张亚初、刘雨据此认为"太师"在西周时是武官，为显赫的职位。但是金文中出现的"太师"不早于恭王时期，在西周中期以后才出现。

一类为乐师，《周官》有太师、小师、鼓人、磬师。此类乐师在春秋时代的舞台上比较活跃。《国语·鲁语下》："昔正考父校商之名《颂》十二篇于周太师。"韦昭注："太师，乐官之长，掌教诗、乐。"《周礼·春官宗伯》："太师掌六律六同，以合阴阳之声。"《国语·周语下》："吾非瞽史，焉知天道？"韦昭注："瞽乐，大师，掌知音乐风气，执同律以听军声，而诏吉凶。史，大史，掌抱天时，与大师同车，皆知天道也。"《国语·楚语上》："宴居有师工之诵，史不失书，瞍不失诵。"韦昭注："师，乐师也。工，瞽瞍也。诵，谓箴谏时世也。"《左传·襄公十四年》："史为书，瞽为诗，工诵箴谏，大夫规诲。"《论语·微子》说："大师挚适齐，亚饭干适楚，三饭缭适蔡，四饭缺适秦，鼓方叔入于河，播鼗武入于汉，少师阳、击磬襄入于海。"据统计仅《左传》《论语》《国语》《史记》等文献中所提到的"师"就有数十位之多，春秋时期就有师曹、师慧、师旷、师涓、师挚、师襄等，足见乐官活动的频繁程度。

其中第一类太师盛行于西周，春秋时期还有所保留，但其职能退化变异，被六卿所分解，尤其是司马承当了太师的武职。第二类乐太师也长期存在，职能一直未变，但地位自春秋以来有所降低。

曾国"太师"之职官金文中两见，一是西周晚期的本铭，二是春秋晚期出土于河南淅川和尚岭 M1 的曾太师定鼎。本铭中太师的身份可能属于前者，淅川和尚岭 M1 的曾太师可能属于后者。

**【进阶篇目】**

1. 吴超：《曾太师奠与鼎小议》，《中国文物报》2015 年 7 月 31 日。

2. 陆璐：《说周代的太师》，《史学月刊》2009 年第 6 期。

# 六　随州张家湾器群

　　张家湾墓地处于义地岗古墓群南端，相距不到一千米。1983年4月，砖瓦厂在此取土挖毁一座春秋早期曾国墓，抢救清理了2件铜簋，同出的还有铜铲1件、铜矛1件、铜镞12件。2016年11月13日，该墓地因房地产开发建设破坏了一座古墓，公安部门追缴回几件青铜器，其中一件铜盨保存完整。

# 19. 曾太保盨[1]

【图版】

盖铭

器铭

【释文】

唯曾侯易（賜）其太保畀[2]

雒攸金，迺用自乍（作）荐

甜（盨？）[3]，用易（賜）害（匄）眉寿黄耇

霝（令）冬（终），其万年子孙日享。

器底铭文

【著录】

《汉东文博》第 1 辑;《追回的宝藏》

【注释】

[1] 2016 年出土于随州张家湾墓地，现藏随州市博物馆。

〔2〕舁，人名。

〔3〕荐，进献，祭献。《玉篇》："荐，进献也。"《左传·隐公三年》："可荐于鬼神，可羞于王公。"

䀒，待考。可能为盨的专名。

### 【延展阅读】

#### 1. 荐器

荐有荐食之意。《周礼·庖人》："庖人……以共王之膳，与其荐羞之物及后、世子之膳羞。"郑注："荐亦进也。备品物曰荐，致滋味乃为羞。"《周礼·笾人》："凡祭祀，共其笾荐羞之实。"郑注："未饮未食曰荐，既饮既食曰羞。"凌廷堪《礼经释例》卷五"饮食之例下"中称"凡脯醢谓之荐，出自东房"。金文中有"荐鼎""荐簋""荐簠""荐鬲"，均与其器用有关。

本铭中荐字下作为器物自名之字也见于伯克父甘娄盨（见下图）。可见把"盨"写为"䀒"极有可能为曾国青铜器的特点。

伯克父甘娄盨

盖铭

器铭

著录：《铭图续》474；《青铜器与金文》第一辑

现藏单位：中国国家博物馆

铭文：唯伯克父甘婁自作撰盨，用盛黍稷稻粱，用之征行，其用及百君子宴饗。

### 2. 青铜盨的渊源与演变

盨产生于西周中期，盛行于西周晚期，春秋早期迅速衰落。由于它存续时间较短，数量较少。铜盨的外形，其口部为圆角长方形，近似于圆角方鼎；其足部为长方形圈足者，近似于铜簋；其足部为四柱足者，则又近似于方鼎。因此，铜方鼎与铜簋可能就是铜盨形成的两个来源。铜盨主要是由西周早期的小型圆角方鼎衍生而来，同时吸收了铜簋的许多因素而成。换言之，盨就是圆角方鼎和圈足簋相结合的产物，是一个"混血儿"，只不过它的主体部分是来自圆角方鼎而非圈足簋。

在考古资料中，一些铜盨在其铭文中自名为"簋"或"盨簋"。盨之自名，即其本字，从"須"从"皿"，或从"金"，或从"米"，其中"須"为音符，"皿""金""米"均为义符。

铜盨在青铜礼器中的作用与性质，其实和铜方鼎极为相似。就像铜方鼎能提升烹食器在礼器组合中的作用一样，盨的加盟，则有助于抬升饪食器在礼器组合中的地位。从考古资料来看，凡是随葬铜盨的墓葬，其墓主人身份地位均较高，甚至在一些诸侯国墓地，铜盨只是国君与国君夫人享用的礼器。如应国墓地西周中期的M84应侯再墓、晚期的M95应侯墓，晋侯墓地西周早中期之际的M13晋侯夫人墓、晚期的M1晋侯对墓和M92晋侯夫人墓，春秋早期虢国墓地M2009虢仲墓、M2001虢季墓、M2006国君夫人孟姞墓等。

### 【进阶篇目】

1. 岳连建、王安坤：《铜盨的渊源及演变》，《考古与文物》2014年第

2期。

2.田率:《内史盨与伯克父甘娄盨》,《青铜器与金文》(第一辑),上海古籍出版社,2017年,第418—432页。

# 七 枣阳郭家庙器群

郭家庙墓地位于枣阳市吴店镇东赵湖村一、二组，距枣阳县城 15 千米，墓地所在位于汉水支流滚河北岸，南阳盆地一随枣走廊的过渡地带。墓地中心位置为东经 112° 50′ 53.7″、北纬 31° 58′ 20.18″，海拔高程 110 米。

郭家庙墓地分布在两个相对独立的山岗上，北岗为郭家庙墓区，南岗为曹门湾墓区，总面积达 120 万平方米以上。墓地东距周台遗址、忠义寨城址 1 千米，西距九连墩战国楚墓群 1.5 千米。

考古工作分三次：2002 年，襄阳市文物考古队对郭家庙墓区进行了发掘，主要发掘以郭家庙墓区 GM21 号曾伯陭墓为核心的 25 座墓，采集、清理 4 座墓；2014 年 9 月至 2015 年 1 月湖北省文物考古研究所发掘了以曹门湾 CM1 为核心的 30 座墓葬，荣获当年全国十大考古新发现；2015 年 7 月至 2016 年 1 月，共清理以 GM60 为中心的墓葬 87 座。三次共清理 146 座墓葬。经初步整理，后面两次集中发掘总共出土铜、漆木、玉石、金、银、锡、陶、骨、皮革等各类质地文物 2721 件（套），其中青铜器 1639 件（套）、玉石器 594 件（套）、陶器 263 件、骨器 36 件、漆木器 155 件。

曹门湾一号墓、曹门湾二号墓及附葬 CHK1、MK1 是目前所发现的曹门湾墓区规模最大的一组遗迹单位，呈品字形排列。一号墓为斜坡单墓道的岩坑墓，东西向，一椁两棺。墓室长 11 米，宽 8.5 米，深 8 米，墓道长 10 米，宽与墓室相等。墓室曾多次被盗，但椁室保存较好，长 6 米，宽约 5.6 米。一号墓出土的漆木器、玉器、铜车马饰、棺饰总数达 675 余件（套），其中音乐遗物丰富，有木瑟、编钟木架、编磬、编铃、建鼓等，均保存较完整。二号墓为夫人墓葬，长斜坡墓道，带平台，墓口带墓道长 22.3 米，宽 6.5 米，深 8

米，红烧土筑成椁室，长 6 米，宽 4.2 米，墙面光滑，有竹席痕迹。椁室内大量红烧土颗粒，厚达 1.8 米，椁室形制与《礼记·檀弓上》所记载的"聖周"葬制相符。一号车坑长 32.7 米，宽 4 米，葬车 28 辆，采用东西纵列式，多数车上有害、毂饰、辕首饰、辕末饰、銮铃等铜质构件，总数约 122 件（套）。一号马坑长 9 米，宽 8 米，深 2 米，有一个长 1.3 米的椭圆形盗洞，葬马 49 匹以上，马均是被杀死后再埋葬的。

曹门湾一号墓周围的贵族墓葬也有重要发现。CM22 出土的郳君鲜鼎、郤伯盘为首次发现的两个国族之器。CM43 出土的曾太保簠、矢叔匜（盘）的铭文也非常重要。一号墓中出土有曾子泽鼎、曾子寿鼎、曾仲大夫鼎等曾国青铜器。

郭家庙墓区的重要收获是对墓区核心区的发掘。郭 52 号墓位于曾伯陭墓西南侧，墓口长 7.6 米，宽 6.4 米，深 4.8 米，椁室长 4.8 米，宽 3.2 米，残高 1.5 米，早年被盗，但出土的俎、瓒、铜翣显示墓主人地位非同一般，结合与曾伯陭墓近在咫尺的距离，可以推断它为曾伯陭的夫人墓。GM60 与 GM50 同样是一组高等级夫妇墓葬，可惜被盗得更为严重。GM56 同时出土曾国和黄国铜器，铭文表明曾、黄两国有姻亲关系，所出的黄伯墬盘匜与 CM32 黄子墬盆似为同一人作的器物。GM30 出土了一套完整的编钟，一共 10 件，为研究编钟制度的演变提供了关键证据。

# 20. 曾伯陭钺（附曾伯陭壶）<sup></sup>〔1〕

【图版】

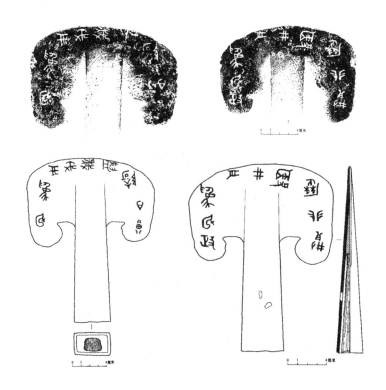

【释文】

曾伯陭[2]鑄[[图]]（杀）戉（鉞）[3]，用为民

鼺（刑）[4]，非（匪）歷殹井（刑）[5]，用为民政[6]。

【著录】

《曾青》第 114—117 页；《郭家庙》第 19 页；《穆穆曾侯》001；
《华章重现》第 222—223 页

【注释】

〔1〕2002 年出土于湖北省枣阳市吴店镇东赵湖村郭家庙墓地
（GM21：9），现藏襄阳市博物馆。

〔2〕陭，人名。

〔3〕[[图]]，释为杀（说详下文）。一说释为戚。

〔4〕鄦，从鼎刑声，为"刑（型）范"之"刑（型）"所造的专字，本义为刑范、法则。

〔5〕非，通匪。歷，通厤，训为治。殹，通伊。井，通刑，刑律、刑罚之义。匪与伊义同。冯登府《三家诗异文疏证》卷二："鲁诗《泮水》'匪怒匪教'，毛作'匪怒伊教'。伊即彼义，与匪亦音近。"匪、伊在铭文中，训为"彼"，此句即"彼历彼刑"。

〔6〕民政，指有关人民之政事。政，政事、政治。

## 附：曾伯陭壶

【图版】

盖铭

器铭

【释文】

隹（唯）曾白（伯）陭

迺用吉金

鐈鉴，用自

乍（作）醴（醴）壶，用

鄉（饗）宾客，为

德无叚（瑕），用

孝用亯（享），用
睗（赐）釁（眉）寿，
子子孙孙用受大
福无彊（疆）。

【著录】

《集成》9712；《曾青》第 118—120 页；《铭文选》475

【延展阅读】

1. 释杀

𢼄字有释戚、释杀两说。目前占优势的是黄锡全释"戚"说（《新见金文字编》收在"戚"字下），刘雨、严志斌则释作"杀"。郭永秉对释"杀"之说阐释得较为全面，笔者也赞同此说。摘要引述如下。

释"戚"之说是建立在裘锡圭对西周金文中一个怪字的考释基础上并加以推阐的结果。这个字在金文中或写作从"鸟"，或从"金"，也有几个时代稍晚的写作从"戈"之字，声旁则都是一个被裘锡圭隶写为"覍"的部件，故得通用。黄锡全拿来同钺铭此字直接比对的从"戈"的字形是见于春秋时代叔夷钟、镈和莒平钟的𩰬、𢼄字，这是没有疑义的。但这个被裘先生隶定为"覍"的部件究竟是什么，从古文字考释角度一直都有争论。裘锡圭认为秦汉文字的"叔"字所从实际上就来自"覍"而不是一般的"卡"。黄锡全进一步补充认为楚文字用作"戚郢"之"戚"（𢼄）字，所从得声的也是这个"覍"。因此，尽管裘锡圭仍然很谨慎地认为叔夷钟、镈和莒平钟从"戈""覍"之字"跟'戚'字是否有关尚待研究"，黄锡全则已直接主张把此字读为"戚"了。

首先，从字形上讲，秦汉篆文、古隶"叔"字和战国楚文字"戚"字所从的"卡"旁，虽然从表面上看与"覍"的形体有些相似，但字形演变序列的角度看，秦汉篆文、古隶"叔"字和战国楚文字

"戚"字所从者，其实都是从早期古文字一般的"卡"直接变来的，排除了它们与裘先生所隶写的"兕"旁之间的关系。

第二，从文字系统角度看，把钺铭的释为"戚"，那么加上战国楚文字和秦文字都还在使用的"戚"之初文变来的那种"戚"，以及从戚姬簠（《集成》3569）字演变而成的标准的《说文》、三体石经篆文"戚"字，文字系统里面将有三种不同文字结构和来源的"戚"。从文字学角度而言，这种情况是绝难找到类似例子的。

第三，从文义和器物形制上讲，"戚钺"的意思也不妥当。据林澐研究，"戚"所指的器物是一种特殊形式的钺，即两侧有齿牙形扉棱的钺，这从殷墟甲骨文的"戚"字字形、可以看得非常清楚，而且这类象"戚"之初文的省变之形，一直到战国秦汉文字中还能看到。所以，从字形演变序列与器物形制的对应关系，完全可以确定"戚"确实就是一种带有扉棱的钺。黄锡全举出古书中"戚钺"连称的例子，从古书的注释及文义来看，也实际上都是"戚"与"钺"的意思，并非一种特殊"钺"的专名。从曾伯陭钺的形制看，它与真正的"戚"的差别很大，完全不具备称"戚"或者"戚钺"的条件。

正如裘锡圭在考释"兕"字时曾描述的那样："叔夷钟和莒平钟略去了下部的点，上部则沿袭有点的写法而加以变化，因此就跟古文字里有些'杀'字的左旁难以区分了（关于这种'杀'字的写法，请看李家浩《齐国文字中的"遾"字》，《湖北大学学报》哲学社会科学版1992年第3期第30—31页）"，此字与"杀"的关系确实密切；李力推测刘雨、严志斌释"杀"的根据就是李家浩的意见，可能的确如此。从字形上看，叔夷钟、镈，莒平钟及钺铭之字去除"戈"旁部分的写法，确实最近于确定无疑的早期古文字的"杀"字（例如西周春秋金文中写作、、的"杀"字）所从，极有可能本就与"杀"字所从为同一个部件，而并不是从其他形体讹变的结果。一般的"杀"字皆从"殳"或"攴"作，这几个字从"戈"，是偏旁通用的关系，这一点李家浩文章已引王国维的说法加以说明了。

“曾伯陭铸杀钺”句，意思也极为顺适。“杀”是表示“钺”的功用的词，犹如青铜器铭文中的“食鼎”“羞豆”“饮罐”“盥盘”等功用加器物自名的格式。刑杀是钺的功能，《礼记·王制》“诸侯赐弓矢然后征；赐鈇钺然后杀”，已经明确说清楚了这一点。《逸周书·克殷》：“（武王）先入，适（纣）王所，乃克射之三发，而后下车，而击之以轻吕，斩之以黄钺，折悬诸大白”，“周公把大钺，召公把小钺，以夹王”。（参看《尚书·牧誓》《史记·鲁周公世家》等）武王所执黄钺与周、召二公所执的大钺、小钺，无疑都是专杀的象征。汉代以下的文献仍有相关表述，如《白虎通·考黜》：“喜怒有节，诛伐刑刺，赐以鈇钺，使得专杀。”《后汉书·郭躬传》：“帝曰：‘军征，校尉一统于督。（秦）彭既无斧钺，可得专杀人乎？’”从先秦到两汉，赐斧钺专杀的象征意义是一贯的。

所以无论是从字形还是文义讲，释为“杀”要比释“戚”合理得多。

**【进阶篇目】**

1. 黄锡全：《枣阳郭家庙曾国墓地出土铜器铭文考释》，襄樊市考古队等：《枣阳郭家庙曾国墓地》，科学出版社，2005 年，第 366—379 页；收入氏著《古文字与古货币文集》，文物出版社，2009 年，第 119—131 页。

2. 陈斯鹏、石小力、苏清芳：《新见金文字编》，福建人民出版社，2012 年，第 367 页。

3. 刘雨、严志斌：《近出殷周金文集录二编》，中华书局，2010 年，第 297 页。

4. 王沛：《刑鼎源于何时：从枣阳出土曾伯陭钺铭文说起》，《出土文献与法律史研究》（第二辑），上海人民出版社，2013 年。

5. 李力：《“䵼”、“殹”、“历”三字的疑难与困惑：枣阳曾伯陭钺铭文之再研读》,《中国古代法律文献研究》（第八辑），社会科学文献出版社，2014年。

6.王沛：《曾伯陭钺铭文的再探讨》,《中国古代法律文献研究》（第九辑），社会科学文献出版社，2015年。

7.王沛：《曾伯陭钺铭文补释》,《出土文献研究》（第十四辑），中西书局，2015年。

8.郭永秉：《曾伯陭钺铭文平议》,《中国古代法律文献研究》（第十辑），社会科学文献出版社，2016年。

# 八 京山苏家垄器群

苏家垄遗址位于湖北省京山市坪坝镇，1966 年发现 97 件铜器。2008 年，在 1966 年发现青铜器地点以东 25 米处抢救清理墓葬 1 座，出土青铜器 7 件。2014 年开始，湖北省文物考古研究所等单位对墓地及其附近区域进行了调查、勘探和发掘，最终确认这是一处包括墓地、建筑基址、冶炼作坊的曾国大型城邑。墓地为曾国高等级墓葬，年代为两周之际至春秋早中期之际。

2015—2017 年对南部岗地进行发掘，清理墓葬 106 座、车马坑 2 座。较大墓葬沿岗地脊顶排列，小墓则在两侧分布，年代上有由北向南渐晚的趋势，墓葬之间不见打破关系，反映了较为严谨的墓地布局。墓葬保存完好，几乎没有被盗，目前已发现青铜礼器 500 余件，大多放置有序，组合关系明确。有铭青铜器多达 50 余件，其中多篇铭文涉及重要史料。大型墓 M79、M88 为"曾伯桼"及夫人墓。M79 有鼎 8、鬲 4、甗 1、簋 4、簠 4、壶 2、盘 1、匜 1，8 鼎包括升鼎 5、附耳鼎 3，分别与簋、簠搭配，鬲、簋、壶等多件铜器有铭文"曾伯桼"。M88 有鼎 3、鬲 5、甗 1、簋 4、壶 2、盘 1、匜 1 及较多玉器，其中簋上有"克逖淮夷""邛（郧）夫人芈克母"等重要铭文。两墓出"曾伯桼"铭文壶各 2 件，壶单器铭文多达 160 字，4 件共 640 字，在春秋时期青铜器中极为罕见。

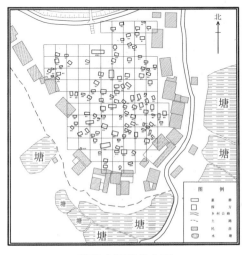

**苏家垄墓葬分布图**

# 21. 曾仲斿父壶[1]

【图版】

**【释文】**

曾中（仲）斿

父〔2〕用吉

金自作

宝隌（尊）

壶。

**【著录】**

《文物》1972 年第 2 期；《集成》9628；《曾青》第 33—38 页；
《华章重现》第 198—199 页

**【注释】**

〔1〕1966 年出土于湖北省京山市坪坝镇苏家垄墓地，现藏湖北
省博物馆。

〔2〕中，即仲，表示排行。斿父，人名。

**【延展阅读】**

1. 曾仲斿父

器主的名称在苏家垄 M1 中所出器物中有不同的称呼方式。或
称"曾侯仲子斿父"，或称"曾仲斿父"。刘彬徽认为曾侯仲子斿父、

曾仲斿父器主之名称不同，但同名为"斿"，实为一人。推知其作器时间不同，不称"侯"者或是其父或兄为曾侯时所作。魏芃认为铭文中"仲子"之称是"排行为仲之儿子"的意思，可能为殷商遗民称谓扩散产生的称谓方式。

这里需要指出的是，1966 年苏家垄墓地第一次出土的 97 件青铜器中铜容器 33 件，包括鼎 9、簋 7、鬲 9、方壶 2、甗 1、豆 2、盉 1、盘 1、匜 1，考古工作者判断这批铜器出自一座墓葬并命名为苏家垄 M1。据铜器铭文显示，M1 所出 2 件鼎、2 件豆和 2 件壶的作器者相同，推测墓主为"曾侯仲子斿父"（曾仲斿父）。但是总体来看，墓葬组合并不完整，是否出自同一墓葬尚存疑问。以往多根据墓葬出土九鼎将其视为一代曾侯。然而即便认为这些铜器出自同一个墓葬，其随葬列器数量虽然较多，器物组合却较为简单，特别是缺乏编钟等礼乐器，与同时期曾国国君级别墓葬相比仍有较大差距。因此有学者根据苏家垄墓地的空间布局指出苏家垄 M60 墓主及曾伯霖均应为曾仲斿父的后代。从随葬品数量、级别来看，曾仲斿父、曾伯霖的礼制等级均不及曾国国君，"曾侯仲子斿父"身份应为曾侯之次子，曾伯霖则是曾国公族小宗的首领、宗子。

【进阶篇目】

1. 魏芃：《西周春秋时期"五等爵称"研究》，南开大学博士学位论文，2012 年。

2. 韩宇娇：《曾国铜器铭文整理与研究》，清华大学博士学位论文，2014 年。

3. 王百川：《"曾伯"铜器与京山苏家垄遗址的性质》，《考古》2024 年第 4 期。

# 22. 曾仲斿父铺〔1〕

【图版】

## 【释文】

曾中（仲）斿父

自乍（作）宝甫（铺）[2]。

## 【著录】

《文物》1972 年第 2 期；《集成》4673；《曾青》第 30—32 页；
《江汉汤汤》第 135 页；《华章重现》第 194—195 页

## 【注释】

〔1〕1966 年出土于湖北省京山市坪坝镇苏家垄墓地，现藏湖北
省博物馆。

〔2〕甫，读为铺，为器物自名。

## 【延展阅读】

### 1. 青铜簠与青铜铺

青铜器中有一种长方形、斗状，器盖同形的器物，流行于西周晚
期至战国时期。宋代以来的学者将其命名为簠。唐兰将其改名为瑚，
而将浅盘有镂空高圈足的豆形器定名为簠。高明将前者定名为盨，
即瑚，而将后者定名为簠。他认为此类自名为甫、箑、铺、匿的一类
器，即为簠，是"盛黍稷的圆形礼器，形制如豆，上为圆盘，下部
有校，春秋时代增添了器盖。簠和盨是两种不同的礼器"。李学勤对
高说提出质疑，认为前者仍以称簠为宜。朱凤瀚《中国青铜器综论》
维持旧说，主张将前者称为簠，后者称为铺。这也是目前学界的主
流意见。赵平安梳理"簠""铺"的相关自名材料，从文字学、古音
学的角度指出《说文》中的簠与礼书中的簠明显不同，造成这种局
面与战国时期用字习惯的变化有关系。

## 【进阶篇目】

1. 高明：《盨、簠考辨》，《文物》1982 年第 6 期。

2. 韩宇娇：《曾国铜器铭文整理与研究》，清华大学博士学位论文，2014 年。

3. 李学勤：《青铜器中的簠与铺》，《中国古代文明研究》，华东师范大学出版社，2005 年，第 76—81 页。

4. 朱凤瀚：《中国青铜器综论》，上海古籍出版社，2009 年，第 140 页。

4. 赵平安：《"盨""铺"再辨》，《古文字研究》（第三十一辑），中华书局，2016 年，第 226—229 页；收入《新出简帛与古文字古文献研究续集》，商务印书馆，2018 年，第 352—358 页。

# 23. 竈乎簋〔1〕

【图版】

盖铭

器铭

【释文】

隹（唯）正二月既死霸

壬戌，竈乎[2]乍（作）宝

簋，用耴（听）夗（夙）夜[3]，用

享孝皇且（祖）、文考，

用匃眉寿永令（命），

乎其万人〈年〉永用。束[4]。

【著录】

《文物》1972 年第 2 期；《集成》4157；《曾青》第 24—29 页；《江汉汤汤》第 132—133 页；《华章重现》第 191 页

【注释】

〔1〕1966 年出土于湖北省京山市坪坝镇苏家垄墓地，现藏湖北省博物馆。

〔2〕竈乎，人名。

〔3〕夙夜，朝夕、日夜。《诗经·召南·采蘩》云："被之僮僮，夙夜在公。"《尚书·旅獒》云："夙夜罔或不勤。"

〔4〕束，族氏铭文。黄锡全指出铭文末尾的"束"为"竈乎"的族氏标志，"竈乎"可能是殷遗民后裔。这也是族氏铭文在金文中最晚的一个例子。

【延展阅读】

1. 用"人"字代替"年"字

铭文将"年"字写作"人"字是一种较为特别的用字现象。同时期与之类似的用例还有季姒垒罍（《集成》9827）、采隻簋（《铭图》5154、5155）、成伯邦父壶（《集成》9609）、柞伯鼎（《铭图》2488）、甫人父匜（《集成》10206）、敔簋盖（《近出》483，《新收》671）、伯竈父盨（《铭图》5570）、兽叔奂父盨（《新收》41）、秦子镈、钟（《铭图》15771、15231）等。时间跨度为西周中期到春秋早期，且集中出现在西周晚期，或可说明"年"字写作"人"字这段时间特殊用字现象。

**【进阶篇目】**

1. 韩宇娇：《曾国铜器铭文整理与研究》，清华大学博士学位论文，2014 年。

# 24. 曾伯霥壶（附曾伯霥簠）<sup>〔1〕</sup>

**【图版】**

【释文】

隹（唯）王八月，初吉[2]庚午，曾

白（伯）霝[3]恖（神）圣孔武[4]，孔武下（舒）犀

（迟）[5]，克

逊淮夷[6]。余温龏（恭）且记（忌）[7]，余

为民父母[8]。隹（唯）此壶章[9]，先

民之尚[10]。余是楙是则[11]，允

显允异[12]。用其鐈镠，隹（唯）玄

其良，自作障（尊）壶，用孝用

享，于我皇祖，及我文考，

用易（赐）害（匄）眉寿，子孙永宝。

【著录】

《江汉考古》2017年第6期；《华章重现》第205页；《金道锡行》第83—85页

【注释】

〔1〕2016年出土于湖北省京山市坪坝镇苏家垄墓地（M88：2），现藏京山苏家垄遗址博物馆。

〔2〕初吉，有两种不同的看法。月相四分说认为初吉指自一日

至七、八日。定点说认为初吉指朔日。

〔3〕霂，人名。

〔4〕愸，读为神。神圣，崇高而庄严，不可亵渎。如《左传·昭公二十六年》："至于灵王，生而有颣。王甚神圣，无恶于诸侯。"《庄子·天道》："夫巧知神圣之人，吾自以为脱焉。"孔武，非常勇武。《诗经·郑风·羔裘》"孔武有力"。《诗经·大雅·韩奕》："蹶父孔武，靡国不到。"郑玄笺："蹶父甚武健，为王使于天下，国国皆至。"

〔5〕舒迟，舒缓平和之貌。《诗经·陈风·月出》："舒窈纠兮。"毛传："舒，迟也。"《广雅·释诂》："舒，迟也。"《礼记·玉藻》："君子之容舒迟。"孔颖达疏："舒迟，闲雅也。"《汉书·朱博传》："门下掾赣遂耆老大儒，教授数百人，拜起舒迟。"

〔6〕克，能够。狄，读为逖，疏远。《左传·僖公二十八年》："敬服王命，以绥四国，纠逖王慝。"杜预注："逖，远也。有恶于王者，纠而远之。"一说为惩治。杨伯峻注："惠栋《补注》则曰：《鲁颂》"狄彼东南"，郑笺云：'狄当为剔。剔，治也。'此传当训为治也。'则纠逖为义近词连用，是也。"

〔7〕温恭，温和恭敬。《尚书·舜典》："濬哲文明，温恭允塞。"孔颖达疏："温和之色，恭逊之容。"《诗经·大雅·抑》："温温恭人，维德之基。"记，读为忌，畏忌天命之意。楚太师邓子辥慎钟镈铭"既温既记（忌）"。文峰塔 M4 曾侯钟铭："穆穆曾侯，畏记（忌）温恭。"

〔8〕为民父母，意为执政者以民为子，慈爱百姓。《诗经·大雅·泂酌》："岂弟君子，民之父母。"

〔9〕章，彰显。《国语·鲁语上》："善有章，虽贱赏也"，"今一言而辟境，其章大矣"。韦昭注："章，明也。"《国语·晋语四》"以德纪民，其章大矣"，韦昭注："章，著也。"

〔10〕先民，古之贤者。《诗经·小雅·小旻》："匪先民是

程。"该句意为曾伯于壶铭所章明者，正是先民之所尚。

〔11〕楙，从林予声，读为"序"或"叙"。《经义述闻·书·百揆时叙》："《大戴礼·保傅》篇曰：'言语不序。'《周语》曰：'周旋序顺。'序，亦顺也。……'序'与'叙'同。"是序是则，即序而则之，有遵循自然规律、顺势而为的意思。

〔12〕显，恭敬意；异，读为翼，也表恭敬。允显允异，相当于金文与古书常见的"显显翼翼"。

## 附：曾伯鬓簠[1]

【图版】

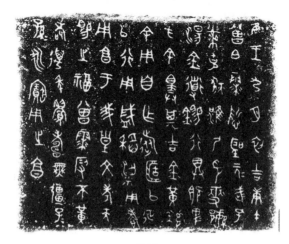

盖铭

器铭

【释文】

隹（唯）王九月，初吉庚午，

曾白（伯）霖惢（神）圣元武，元武孔

黹[2]，克狄淮夷，印燮繁

汤（阳）[3]，金道鍚（锡）行，具既卑（俾）

方[4]，余霥（择）其吉金黄鑪（铝）[5]，

余用自乍（作）遴（旅）臣，目（以）征

目（以）行，用盛稻粱，用耄（孝）

用宫（享）于我皇[祖]、文考[6]，天

眆（赐）之福，曾[伯]霖[7]叚（遐）不黄

耆、迈（万）年，囂（眉）寿无疆，子子

孙孙永宝用之宫（享）。

【著录】

《曾青》第 440 页；《集成》4631、4632；《铭文选》691；《华章
重现》第 206—208 页

【注释】

〔1〕出土时间、地点不详，后来器身、器盖分开流传，器身据

说为叶梦渔收藏，后遭焚毁。器盖为周小崖、陈介祺旧藏，后归山东潍坊市古代文物管理委员会，陈郭祖珍捐赠给山东省博物馆，现藏中国国家博物馆。

〔2〕元武孔㸒，即孔武元㸒，相当于壶铭的"孔武舒迟"。

〔3〕印，读为抑。燮，《诗经·大雅·大明》："燮伐大商。"毛传："燮，和也。"繁汤，即繁阳，亦见于晋姜鼎、戎生编钟、鄂君启节，据考即《左传》襄公四年、定公六年的"繁阳"，在今河南新蔡县北。

〔4〕金道鐋（锡）行，指输入金、锡的道路。具，俱。既，已。卑方，犹方内，即在领域之内的意思。这句话的意思是金锡之道已经纳入曾国的版图，在其控制之下。

〔5〕黄镠，金文多见的一种合金，是用来铸造铜器的原料。类似的记载还有玄镠、赤铝、元铝、夫铝、鈇鍒等。

〔6〕簠盖"皇"字下无"祖"字，当据簠底座铭文拓片补。

〔7〕簠盖"曾"字下无"伯"字，当据簠底座铭文拓片补。

**【延展阅读】**

**1. 曾伯霖簠的流传**

传世曾伯霖簠凡二器，为一器一盖。大约出土于十九世纪初叶，最初为浙江慈溪叶梦渔所收藏，不知何时，簠器毁于火，簠盖则归宁波周小厓家。1822 年至 1839 年曾为斌良寿金盦收藏，1839 年为陈介祺簠斋购得。1951 年陈介祺后人陈郭祖珍将其捐赠给山东省博物馆，1959 年 1 月调拨中国历史博物馆。虽然曾伯霖簠出土的具体时间、地点尚有待考证，但根据湖北京山苏家垄的最新发现，尤其是带有"曾伯霖簠"铭文铜器墓的发现，该器出自苏家垄墓地的可能性是很大的。

陈介祺（1813—1884），清代著名金石学家。字寿卿，号簠斋。山东潍县（今山东潍坊）人。道光二十五年（1845）进士，官至翰林院编修。毕生嗜好金石文字，以收藏毛公鼎、分甲盘等青铜重器而闻名，有《十钟山房印举》《簠斋藏古目》《簠斋传古别录》《簠斋尺牍》《簠斋金石文考释》《封泥考略》等著作传世，被称为清代"集其大成"的金石学家。陈氏得曾伯霖簠，以"簠斋"为号，并以"宝簠斋"为居室名。足见其对此簠异常珍爱。

### 2. 古代金属之路——金道锡行

曾伯霖簠自传世以来颇为引人注意，其中"金道锡行"句尤为研究者广泛征引。所谓金道锡行，既是商周时期长江中下游地区向中原地区远距离运输铜和锡的通道，也是一条与金属资源、技术、贸易相关的重要通道，更是支撑商周时期辉煌灿烂的青铜文明的重要基础。

目前，学界通过考古发掘、文献整理、铅同位素分析等综合性研究方法，对"金道锡行"的运输路线基本达成共识，认为其运输主干道有两条：一条为江汉间的路线，沿汉水之东及随枣走廊，经南阳盆地，到达洛阳或西安，或者自鄂东南穿越桐柏山至大别山的"义阳三关"等隘口，经信阳到达洛阳；另一条为江淮间的路线，沿皖南一带，北过长江，经江淮及淮河中上游地区，到达洛阳及中原地区。"金道锡行"勾勒出商周时期铜锡资源生产、流通的宏大历史画卷，与早期国家的崛起、人口的流动、朝代的兴替等都有千丝万缕的联系。

### 【进阶篇目】

1. 方勤、胡长春、席奇峰、李晓杨、王玉杰：《湖北京山苏家垄遗址考古收获》，《江汉考古》2017 年第 6 期。

2. 御简斋（董珊）：《曾伯霖壶铭简释》，复旦大学古文字与出土文献研究中心网站，2018 年 1 月 17 日。

3. 沈培：《新出曾伯霖壶铭的"元屖"与旧著录铜器铭文中相关

词语考释》，复旦大学古文字与出土文献研究中心网站，2018 年 1 月 23 日。

4. 宣柳：《新出曾伯壶铭文"壶章"考》，《江汉考古》2022 年第 1 期。

5. 屈万里：《曾伯霥考释》，《历史语言研究所集刊》（第三十三本），1962 年。

6. 陈公柔：《〈曾伯霥簠〉铭中的"金道锡行"及相关问题》，中国社会科学院考古研究所编《中国考古学论丛》，科学出版社，1993 年。

7. 方辉、王书林：《"曾伯霥簠"的流传及相关问题——从王献唐旧藏拓本题记说起》，《江汉考古》2018 年第 4 期。

8. 李然、龚乔、胡飞：《"金道锡行"：探寻商周时期的"三交"历史》，《中国民族报》2024 年 2 月 28 日。

# 25. 䣜（郖）夫人嬭克母簠[1]

【图版】

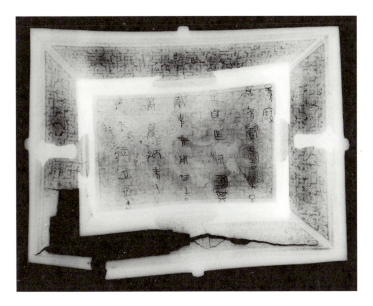

铭文 X 光片

**【释文】**

佳（唯）王正月，初吉

庚申，邔（鄂）[2] 夫人[3]

嬭克母[4]，用其吉

金，自作旅匝（簠），其

万年眉寿，为子孙宝。

**【著录】**

《江汉考古》2017年第6期；《金道锡行》第86—87页

**【注释】**

〔1〕2016年出土于湖北省京山市坪坝镇苏家垄墓地（M88:10），现藏京山苏家垄遗址博物馆。

〔2〕邔，文献中或写作鄂。国族名。《左传》宣公四年："初，若敖娶于邔，生斗伯比。"杜预注："邔，国名。"发掘者释为"陔"，不确，说详下文。

〔3〕夫人，诸侯妻子的称谓。《礼记·曲礼下》："天子之妃曰后，诸侯曰夫人，大夫曰孺人，士曰妇人，庶人曰妻。公、侯有夫人，有世妇，有妻，有姜。夫人自称于天子曰'老妇'，自称于诸侯曰'寡小君'，自称于其君曰'小童'。自世妇以下，自称曰'婢子'。子于父母，则自名也。"

〔4〕嬭，姓。克母，名。

**【延展阅读】**

**1. 释邔（鄂）**

字的释读存在较大的分歧，发掘者释为"陔"，董珊（网名"御简斋"）指出该字应是芈姓的国族名，并据此提出释"夔"或"权"两种可能。其说如下：

　　报道称器主为"陕夫人芈克"，释首字为从亥声，恐不可信。据铭文 X 光照片，我认为其器主应为"▨夫人芈克母"，芈克母是来自▨氏族的芈姓女子，"克母"是她的字。如果▨是以国为族，那么春秋早期芈姓之国族的数量有限，这里可以提出两个选项。1. 此字从"兀"（疑纽物部）声，读为"夔"（群纽微部），夔是熊挚之封国，称夔子，是楚国的附庸。《国语·郑语》："融之兴者，其在芈姓乎？芈姓，夔、越不足命也，蛮芈蛮矣，唯荆实有昭德，若周衰，其必兴矣。"《春秋》僖公二十六年楚人灭夔，《公羊传》僖公二十六年作"隗"。2. 此字声旁或者是"拳"的表意字，读为"权"，《左传》庄公十八年"初，楚武王克权，使鬬缗尹之。以叛，围而杀之"。据《新唐书·宰相世系表》，楚武王所克之权为子姓之国。克权后设县，鬬氏出自若敖，是芈姓宗族。

　　笔者认为该字右边所从与汤阴吴王剑铭中两个写法比较特殊的"云"字形体相近，应该释作从云从邑的"邳"，读为"郧"。汤阴吴王剑铭中有原整理者释作"巳用�"的文字，其中"巳"（A）"豕"（B）二字分别作：序（A）序（B）。李家浩将该剑铭文与工盧（吴）大子姑发昬反剑对照，指出"巳用豕获"与"云用云获"句相当。从而论证原释为"巳""豕"的两个字，其实就是"云用云获"的两个"云"字。类似于 B 这样类型的写法，李先生也指出其与金文中如下（C 和 D）两个"阴"字所从的"云"十分相似，当是由这类写法的"云"演变而成的。所论甚是，可从。

C　曩伯盨　　　　D　敬事天王钟
（《集成》4443）　　（《集成》74）

　　鄟，文献中或写作"郧"。楚若敖氏曾娶鄟女为妻。《左传·宣公四年》记载："初，若敖娶于鄟，生斗伯比。若敖卒，从其母畜于鄟，淫于鄟子之女，生子文焉。鄟夫人使弃诸梦中，虎乳之。鄟子田，见之，惧而归。以告，遂使收之。楚人谓乳谷，谓虎于菟，故命之曰斗谷于菟。以其女妻伯比，实为令尹子文。"杜预注："鄟，国名。"陆德明《经典释文》："鄟，本又作郧，音云。"这是鄟女适楚的记载，而据 M88 出土铜瑚的铭文，鄟夫人是一位芈姓的楚女。鄟、楚两国通婚，正符和东周时期贵族联姻的通例。

　　作为地名的"鄟"字还见于包山楚简、鄂君启节以及清华简《系年》：

　　（1）鄟司马之州加公李瑞、里公隋得　　　　《包山》简 22

　　（2）左驭番戍食田于鄟域□邑　　　　　　　《包山》简 151

　　（3）鄟卜尹之人舒余善　　　　　　　　　　《包山》简 191

　　（4）自鄂市，逾油（湝）、上汉、就阴、就芸（郧）阳、就汉、就邨、逾夏、内（入）鄟（湏）

　　　　　　　　　　　　　　　　鄂君启舟节（《集成》12113）

　　（5）楚共王立七年……郑人止芸（郧）公义，献诸景公

　　　　　　　　　　　　　　　清华简《系年》简 85、86

　　其中（5）中的"芸（郧）公义"即《左传》成公九年记载的楚郧县县公钟仪，也是史载最早的郧县县公，此时鄟已经灭国为县。其地并不在鄟国的都城，而是在在郧国都城以外另行设置。《汉书·地理志》江夏郡"竟陵县"班固原注："郧乡，楚郧公邑。"《后汉书·郡国志》："竟陵侯国。有郧乡。"可知楚郧县是在汉、晋时的竟陵县，故地曰"郧乡"，而古郧国则在汉、晋时的云杜县，故地曰"亭"，两县邻近，但楚郧县与古郧国明显不在一地。据此，

石泉考证汉、晋时竟陵县在今湖北钟祥北境、汉水以东的丰乐镇附近。郧国都城所在见下文考证。从（1）（2）（3）职官设置来看，其中鄀也应该指楚国鄀县。（4）中的鄀指涢水，芸即郧阳，但是郧阳所指何地尚有争议。

### 2.夫人的称谓

夫人的本义是对诸侯妻子的称谓。《礼记·曲礼下》："天子之妃曰后，诸侯曰夫人，大夫曰孺人，士曰妇人，庶人曰妻。公、侯有夫人，有世妇，有妻，有妾。夫人自称于天子曰'老妇'，自称于诸侯曰'寡小君'，自称于其君曰'小童'。自世妇以下，自称曰'婢子'。子于父母，则自名也。"东周以来，夫人的称谓似逐步扩大。国君的妻、妾均可通称为夫人。如《史记·齐太公世家》载："齐桓公之夫人三：曰王姬、徐姬、蔡姬……如夫人者六。"再如《史记·郑世家》载："郑文公有三夫人。"为了对这些夫人进行区分，又出现了"嫡夫人""正夫人"等名号。如《史记·吕不韦列传》记载："安国君有所甚爱姬，立以为正夫人，号曰华阳夫人。"两周金文中关于夫人的记载颇多，其中有些又与传世文献有所不同。略举几例如下：

（1）黄子乍（作）黄甫（夫）人行器　　　　　　　　《集成》2566
（2）樊夫人龙嬴用其吉金，自乍（作）行鬲　　　　《集成》676
（3）有殷天乙唐孙宋公繺（栾），乍（作）其妹句敔夫人季子媵匜（瑚）　　　　　　　　　　　　　　　　　　　　《集成》4590
（4）卬夫人蕾（曾）姬之盘
（5）卬夫人嬛择丌（其）吉金

第（1）例出自河南省光山县宝相寺黄君孟夫妇墓，是春秋早期黄国国君给其夫人所作的行器。第（2）例出自河南信阳平桥南山咀樊君夒夫妇墓，是春秋早期樊国国君夫人龙嬴自己制作的行器。第（3）例出自河南固始县侯古堆一号墓陪葬坑，是春秋晚期宋国国君宋公栾将他的妹妹"季子"嫁往吴国所作的媵器。第（4）例子出自河南潢川县高稻场 M9，器物的主人是一位嫁入楚国佪氏贵族的姬姓曾国女子。第（5）例出自河南南阳徐家岭 M11，墓主人嬛也是一位嫁入楚国佪氏贵族的女子。在这几个例子中，（1）（2）（3）"夫人"前面所冠之字的确是国族名，但是并非女子父国的国名，而是其所适之国，即其夫国的国名。第（4）（5）例则是楚国贵族佪氏。可见到春秋晚期，夫人之称也不是仅限于诸侯的专利，贵族之妻也可称夫人。

（6）圣桓之夫人曾姬无恤　　　　　　　　　　《集成》9710

该例出自安徽寿县李三孤堆楚王墓，对于"无卹"的释读和理解曾经有较多的争议。但是"声桓"为是楚声王的谥号则无疑问。这应该是楚声王夫人自作器，曾姬应该是来自曾国的姬姓女子。

（7）隹（唯）邓九月初吉，不故（辜）女夫人似乍（作）邓公，用为女夫人尊，諆□

该例出土信息不详，现藏中国国家博物馆。不故，或读作"薄姑"，认为是薄姑之女往嫁邓国。今按，薄姑为殷商旧国，在周初时曾经参与商、奄等国的叛乱，塑鼎记载周公曾经征伐"东尸（夷）、丰白（伯）、尃（薄）古（姑）"。《左传·昭公九年》记载："及武王克商，薄姑、商奄，吾东土也。"因此薄姑在西周初年已经灭国，不可能延续到两周之际。将铭文理解为薄姑之女往嫁邓国颇为可疑。已经有学者指出"不故"当读作"不辜"，乃是邓公新故，似姓的夫人为其作祭器，故以"不辜"自称。此说可从。

综上，"夫家国名（氏名）+夫人"是最为普遍的格式。第（6）

（7）两例并不常见，（6）例前面冠以丈夫的谥号，格式为"谥号＋之＋夫人"，第（7）例的格式是"谦称＋夫人"。

### 3. 妇女改嫁

东周时期妇女改嫁并不鲜见，诸侯之间的婚姻更披上了浓厚的政治色彩，婚姻往往伴随着征伐。譬如《左传·僖公三年》记载："齐侯与蔡姬乘舟于圃，荡公。公惧，变色，禁之不可。公怒，归之。未之绝也，蔡人嫁之。"又僖公四年："齐侯以诸侯之师侵蔡，蔡溃，遂伐楚。"此类现象见诸文献记载的就有二十多例。比如秦穆公之女怀嬴本为晋怀公圉之妻，后改嫁晋文公重耳。又如陈女息妫本为息君之夫人，后改嫁楚文王。改嫁在贵族阶层似乎更为盛行，楚国尤甚。

### 4. 苏家垄墓地埋葬的郧国贵族

2024年出版的《金道锡行》图录著录多件与郧国贵族相关的铜器，为笔者释"邧（郧）"提供了佐证，也为郧夫人改嫁入曾提供了更多的背景。相关资料有"沄（郧）子叔文盆"，铭文作"沄（郧）子叔文用吉金自作旅盆，万年无疆，子子孙孙永用之"。其中"郧"字从显然从云。另有"邧（郧）叔无害鼎"和"邧（郧）叔姬鼎"，整理者释作"邗"，认为是《左传》僖公二十四年"邗晋应韩，武之穆也"的姬姓邗国。此说不确，从该字写法来看，叔姬鼎（M92：2）的首字显然"从云"，笔画没有穿透第二横，据了解同墓所出另外一件叔姬簋的写法与此相同，显然应该是从云从邑之字。结合叔文盆（M15：5）首字从云从氵来看，相关文字释作"沄（郧）"最为妥当。无害鼎（M48：5）的首字看起来从"于"，极有可能是铸造过程中出现的失误。

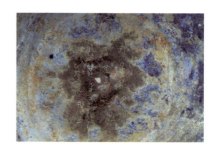

邡（郧）子叔文盆（M15：5）

邡（郧）叔无害鼎（M48：5）

铭文：邡（郧）叔无害用其吉金自作宝鼎。

邡（郧）叔姬鼎（M92：2）

铭文：邡（郧）叔姬之葬鼎。

【进阶篇目】

1. 方勤、胡长春、席奇峰、李晓杨、王玉杰：《湖北京山苏家垄遗址考古收获》，《江汉考古》2017 年第 6 期。

2. 御简斋（董珊）：《曾伯桼壶铭简释》，复旦大学出土文献与古文字研究中心网站，2018年1月17日。

3.李家浩：《沂水工盧王剑与汤阴工盧王剑》，《出土文献》2020年第1期。

4.石泉：《古竟陵故址新探》，《古代荆楚地理新探》，武汉大学出版社，1988年。

5.刘丽：《铜器铭文中所见两周时期曾国的婚姻关系》，《青铜器与金文》（第一辑），上海古籍出版社，2017年，第161—162页。

6.黄锦前：《伯氏始氏鼎的年代及史事》，《湖南省博物馆馆刊》（第十四辑），岳麓书社，2018年，第55—60页。

7.凡国栋：《苏家垄墓地M88出土邓夫人瑚考》，《简帛》（第二十二辑），上海古籍出版社，2021年。

8.方勤、张涛：《金道锡行——苏家垄国家考古遗址公园印记》，武汉出版社，2024年5月。

# 九　随州义地岗器群

随州义地岗墓地位于湖北省随州市曾都区东城办事处文峰社区。原为一处东北—西南走向的岗地，地势高出四周 3 米—5 米，海拔高程 75 米—85 米。

二十世纪七十年代以来的生产建设中，墓地范围内多次发现周代墓葬，包括八角楼、季氏梁、东风油库、八一水库等地点，出土大量青铜器。近年来经过系统发掘的文峰塔墓地、汉东东路墓地、枣树林墓地均为义地岗墓地的一部分。其中 2012—2013 年发掘的文峰塔墓地共清理出 54 座东周墓葬、2 座车马坑，出土文物 1000 余件套，其中等级最高的为战国中期早段的曾侯丙墓。2017—2020 年发掘的汉东东路墓地和枣树林墓地清理出 110 座墓葬、7 座车马坑和 3 座马坑。墓葬年代集中在春秋中晚期，墓主人包括前后相继的三代曾侯（曾公𬀩、曾侯宝、曾侯得）及其夫人，墓中出土大量有铭青铜器。

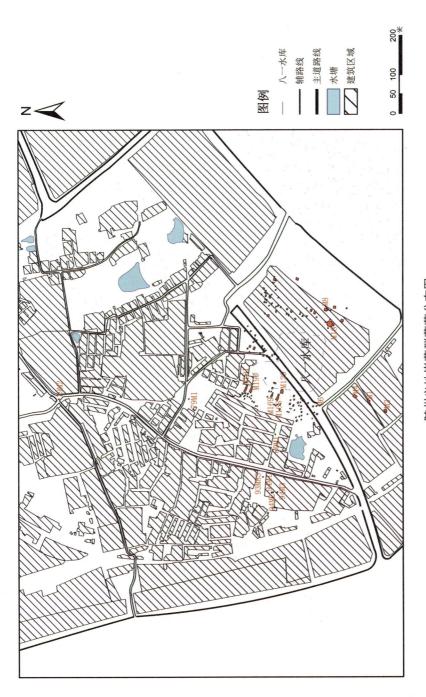

随州义地岗墓群墓葬分布图

# 26. 曾公䣎方壶[1]

【图版】

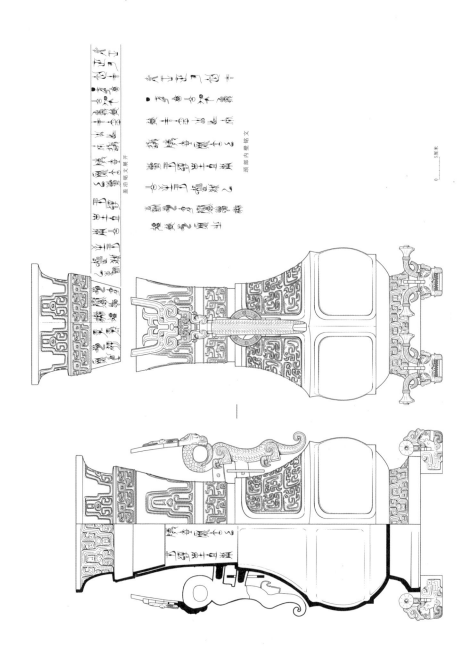

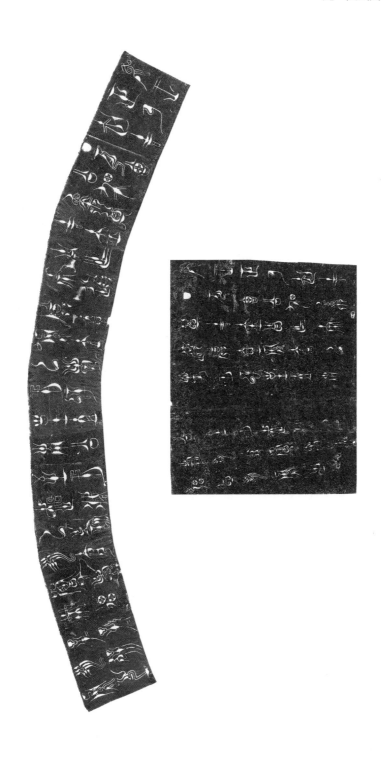

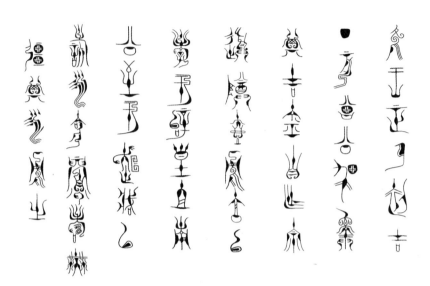

**颈部内壁铭文**

## 【释文】

隹（唯）王[2]正月初吉丁亥，曾公㻚[3]择其吉金，自乍（作）宗彝障（尊）壶，用享以孝于辥[4]皇祖南公[5]至于桓庄[6]，以祈永命，眉寿无疆，子子孙孙永保用之。

盖沿

隹（唯）王正月初吉
丁亥，曾公㻚择
其吉金，自作宗
彝尊壶，用享以
孝于辥皇祖南
公至于桓庄，以
祈永命，眉寿无
疆，其永用之。

颈内

**【著录】**

《考古学报》2023 年第 1 期

**【注释】**

〔1〕2018—2019 年出土于义地岗墓群枣树林墓地（M190：101），现藏湖北省文物考古研究院。

〔2〕王，指周王。这里是采用周正纪年。

〔3〕公，爵命。畎，人名。曾公畎，同墓所出铭文或作"曾侯畎"。曾公畎应为曾国国君。东周以降的金文中宋、芮、秦、晋等国国君均有称公者。如宋公戍钟（《集成》8）、秦公镈（《集成》267）、晋公盆（《集成》10342）等。《尔雅·释诂》："公，君也。"顾炎武《日知录》卷二十："平王以后，诸侯通称为公。"

〔4〕辝，第一人称代词，我。

〔5〕皇祖南公，即南宫括，说详下文。

〔6〕桓庄，同墓所出曾公畎圆壶铭文作"皇祖南公至于皇考桓叔"，可见"桓庄"即"桓叔"，为曾公畎父的谥号。这类双字谥在周代比较普遍，如楚平王在出土文献中又称为"竞平王"，楚声王又称为"圣桓王"，楚惠王又称为"献惠王"等。

**【延展阅读】**

**1. 鸟虫书**

所谓鸟虫书，最早称为"虫书"。东汉许慎在《说文解字叙》中云："秦书有八体：一曰大篆，二曰小篆，三曰刻符，四曰虫书，五曰摹印，六曰署书，七曰殳书，八曰隶书。"又有称"鸟书""鸟篆"者，如卫宏《四体书势》叙述新莽六书时称鸟虫书为鸟书。应该明确的是，不管是鸟书还是虫书均指代那种文字具有鸟虫形的书体而言，是文字发展变化中在构形中改造原有笔画使之盘旋弯曲如鸟虫形，或附加鸟形、虫形等纹饰而成的美术字体。作为装饰性风格较强的一种形体，鸟虫书常以错金形式出现，其图案纹饰绝大多数都是鸟与蛇、虫的结合，高贵华丽，精妙绝伦。

关于鸟虫书的起源，董作宾《殷代的鸟书》一文提出鸟书始于商代，以玄妇方壶和卜辞"高祖王亥"为最早。于省吾指出铭文中的鸟形为文字，并非附加装饰。马国权也指出个别文字附加鸟形符号与真正作为系统的新兴美术字体出现是不同的概念。目前学界较为一致的看法是鸟虫书主要流行于长江中下游地区，影响波及中原一带。以先秦国别而言，见于越、吴、蔡、楚、曾、宋、晋、许、陈、应、郧、齐、徐等国。就年代可考者。最早的应属王子午鼎（公元前558年），最晚的为越王不光剑，流行时间接近两百年。

需要指出的是，曾公㪤墓出土的多件器物出现鸟虫书体，尤以本壶铭文最为精美，一举成为目前所见年代最早的鸟虫书实物。

## 【进阶篇目】

1.曹锦炎：《鸟虫书通考》（增订版），上海辞书出版社，2014年。

# 27. 曾公䵼铸〔1〕

【图版】

曾公瓞镈铭文摹本

**【释文】**

隹（唯）王五月吉日
丁亥，曾公畩曰：
昔在辝不（丕）显高
且（祖），克[2]逑（仇）匹[3]周之
文武[4]。淑淑[5]白（伯）旨〈舌〉（括）[6]，小
心[7]有德。召事[8]一
□（帝？）[9]，遹褱（怀）多福[10]。左
右有周[11]，□神其
鋰（圣）[12]。受是不（丕）宓（寍？）[13]，不（丕）
显其霝（令）[14]，甫（匍）匐[15]辰（祗）
敬[16]。王客[17]我[18]于康
宫[19]，乎［命尹］氏[20]。命皇且（祖）
建[21]于南土[22]，敝（蔽）[23]蔡[24]
南门，质（誓）[25]应[26]京社[27]，
适[28]于汉东[29]。［南］[30]方无
疆，涉政（征）[31]淮夷[32]，至
于繁汤（阳）[33]。曰：卲王[34]
南行，豫（舍）命[35]于曾，
咸[36]成我事，左右
有周，易（赐）之甬（用）钺，
用政（征）南方[37]。南公
之剌（烈）[38]，敽（骏）圣（声）有闻[39]。
陟降上下[40]，保埶（乂）
子孙[41]。曰：呜呼！夓（迪）
舍（余）乳（孺）火〈小〉子[42]，余无
谤受[43]，隶（尽）除辝
衈[44]，卑辝千休（休？）[45]，頵（偶？）

天孔惠〔46〕，文武之
福，有成有庆〔47〕，福
禄〔48〕日至，遆（复？）我土
疆〔49〕，择其吉金镐
鐯（铝），自作龢镈
宗彝，既淑既平，
冬（终）龢且鸣，以享
于其皇且（祖）南公，
至于超（桓）庄，以祈
永命，眉寿无
疆，永保用享。

【著录】

《江汉考古》2020年第1期；《龢钟鸣凰》

【注释】

〔1〕2019年出土于湖北省随州市义地岗枣树林墓地（M190：
35），现藏湖北省文物考古研究院。

〔2〕克，能够。《诗经·大雅·荡》："靡不有初，鲜克有终。"
郑玄笺："克，能也。"

〔3〕逨匹，常见于西周金文，用在"逨匹厥辟""逨匹先王"等
辞例中，相当于文献中的"仇匹"，表示"匹配"之义。

〔4〕文武，指代文王、武王膺受天命。曾国青铜器更是多次
提到文武。如曾侯與钟铭文云"伯括上帝，左右文武"，嬭加编钟
云"余文王之孙，穆之元子"。同样的例子在金文中屡见不鲜。如以
"宅兹中国"闻名于世的何尊（《集成》6014）记载："昔在尔考公
氏，克逨玟（文）王，肆玟王受兹□□（大命）。"又禹鼎（《集成》
2833）云："不（丕）显桓桓皇祖穆公，克夹召先王，奠四方。"

〔5〕淑字下有重文符号，读作淑淑。《诗经·小雅·鼓钟》：

"淑人君子，怀允不忘。"郑玄笺："淑，善。"《大戴礼记·四代》："渊渊然，淑淑然，齐齐然，节节然，穆穆然，皇皇然。"孔广森《大戴礼记补注》："淑淑，美也。"

〔6〕旨，甬钟 A 组、甬钟 B 组均作"舌"，这里当是"舌"字误写。舌，读作括。白括，亦见于文峰塔 M1 曾侯與编钟和嬭加编钟。学界一般认为即文献中记载的南宫括。

〔7〕小心，谨慎、畏忌，引申有恭顺之意。如叔夷镈（《集成》285）"小心畏忌"、"小心恭齐"。《诗经·小雅·正月》："民之讹言，亦孔之将。念我独兮，忧心京京，哀我小心，瘋忧以痒。"《国语·晋语一》："其为人也，小心精洁。"韦昭注："小心，多畏忌。"《礼记·表记》："卑己而尊人，小心而畏义，求以事君。"皆是其例。

〔8〕召事，有辅佐之义，相当于上文的"遌匹"。金文中如大盂鼎（《集成》2837）"召夹"，遌盘（《铭图 14543》）、禹鼎（《集成》2833）"夹召"，晋姜鼎（《集成》2826）"召辟"，"召""夹""匹""事"均意近，可以换用。

〔9〕帝，可能是"帝"字之误。一帝可能指管理一方的上帝。古有五帝之说，如《周礼·春官·小宗伯》云："兆五帝于四郊。"郑玄注："五帝，苍曰灵威仰，太昊食焉；赤曰赤熛怒，炎帝食焉；黄曰含枢纽，黄帝食焉；白曰白招拒，少昊食焉；黑曰汁光纪，颛顼食焉。"曾侯與编钟云"伯括上帝"，或与之相关。一说"一"应该是"二（上）"缺刻一笔，为"上"字之误。

〔10〕遹，有遵循、继承之意。如克钟（《集成》204）"遹泾东至于京师"。《诗经·大雅·文王有声》："匪棘其欲，遹追来孝。"郑玄笺："乃述追王季勤孝之行，进其业也。"襄，读为怀。《诗经·桧风·匪风》"怀之好音"，毛传："怀，归也。"就是给予的意思。如墙盘（《集成》10175）"怀多祓"。多福，金文常见的祈福语，如遌钟"降余多福"，应侯再簋"用宁多福"。《尚书·毕命》："予

小子永膺多福。"甬钟 A 组、甬钟 B 组的"多"字误作"夕"。

〔11〕左右，辅佐之意。晋公盆（《集成》10342）"左右武王"，曾侯與编钟有"左右文武"、"左右楚王"之语。《易·泰》："辅相天地之宜，以左右民。"孔颖达疏："左右，助也，以助养其人也。"有周，即周王室。毛公鼎（《集成》2841）"配我有周"、"临保我有周"，《尚书·召诰》："王先服殷御事，比介于我有周御事。"《诗经·大雅·文王》："有周不显，帝命不时。"毛传："有周，周也。"

〔12〕神上一字，上从雨、下从火、从自，中间的构件似爪，或似彗，待考。一说与三体石经"震"字相关。

〔13〕悤，从穴从心，或是"窋（宁）"字省写。"受是不宁"，可读作"受是丕宁"，即"丕宁是受"的倒装。意思是承受或得到这种大大的安定。

〔14〕霝，从木从霝，疑是"霝"字繁化，镈钟"霝"字上面的"木"字少了竖笔。霝读作"令"，《诗经·小雅·角弓》："此令兄弟，绰绰有裕；不令兄弟，交相为瘉。"郑玄笺："令，善也。"丕显其令，就是彰显其美好。

〔15〕甫匐，读为匍匐。《诗经·邶风·谷风》："凡民有丧，匍匐救之。"郑玄笺："匍匐，言尽力也。"

〔16〕辰，可读为"祗"。《说文》："蜄，蜄子也……堲，古文蜄从辰、土。"段玉裁注："从土者，出之土中也。从辰者，辰声也。古氏声、辰声相似，祗、振字通用是其例。"《尚书·皋陶谟》"日严祗，敬六德"的"祗"，《史记·夏本纪》作"振"。又《楚辞·离骚》："既干进而务入兮，又何芳之能祗。"王念孙《读书杂志余编·楚辞》："引之曰：'祗之言振也……祗与振声近而义同，故字或相通。'"因此辰敬即祗敬、恭敬之意。《楚辞·离骚》："汤禹俨而祗敬兮，周论道而莫差。"

〔17〕客，金文或写作"各"，读作格，用来表示到达某地。如

庚嬴鼎（《集成》2748）"王客周宫"、卫簋（《集成》4209）"王客于康宫"、楚簋（《集成》4248）"王各于康宫"。《尚书·舜典》："帝曰：格汝舜，询事考言，乃言底可绩。三载汝陟帝位。"孔传："格，来。"

〔18〕我，第一人称代词。此处具体指代何人颇为关键，一种可能是指上文的伯括，一种可能是指下文的皇祖，一种可能是指曾公畎。一说"我"字为衍文。

〔19〕康宫，即康王之宫。说详下文。

〔20〕乎，读为"呼"。"命尹"，据甬钟 B 组补。命，册命。尹氏，册命金文中习见的"作册尹"职官名。根据西周金文册命程式，这里可能存在"右者"以及王呼尹氏册命曾公畎的环节。但是缺文较多，已无法详考。不过根据金文中大量出现的"帅型祖考之德"的传统，在世官世禄的大背景下，曾公畎的这次册命很可能如"申就乃令，令汝更乃祖考"（师克盨《集成》4467）等金文一样属于再赐命的范畴。

〔21〕建，即分封、封建之意。如小臣𧆑鼎（《集成》2556）："召公建匽。"戎生钟："天子渊灵，用建于兹外土，遹司蛮戎，用軷不廷方。"四十二年逨鼎："余肇建长父侯于杨。"《诗经·鲁颂·閟宫》："建尔元子，俾侯于鲁，大启尔宇，为周室辅。"

〔22〕南土，即南方的国土。嬭加编钟称作"南洍"。《诗经·大雅·崧高》："往近王舅，南土是保。"《左传·昭公九年》："巴、濮、楚、邓，吾南土也。"另外《诗经·大雅·崧高》篇还称为"南国""南邦"，金文中也有大量的南国、南土，有学者曾辨析二者的区别，认为南土不同于南国，可参。

〔23〕敝，三处写法略有差异，恐是书手之误。该字亦见于散氏盘（《集成》10176），李家浩释敝，当是。敝，读为蔽，本义为屏障，引申有庇护之意。《左传·昭公十八年》："叶在楚国，方城外之蔽也。"杜预注："为方城外之蔽障。"《左传·昭公二十年》：

151

"齐氏用戈击公孟，宗鲁以背蔽之。"《左传》以"叶"为方城之蔽，而铭文是说以曾为蔡南门之蔽，可以类比。

〔24〕蔡，从邑从蔡，即姬姓的蔡国。武王弟叔度始封，后因反叛，国除。周成王复封其子蔡仲于蔡，建都上蔡，今河南上蔡西南。

〔25〕斯，字亦见于陕西周原庄白一号窖藏，即著名的史墙祖父之名，旧或释"旂"，或释"折"。陈剑将其释作"所"，认为它们所从的都是后来写作从二"斤"的"所"，即"質"字的声符。该字可破读为誓，盟誓之意。《诗经·卫风·氓》："言笑晏晏，信誓旦旦。"

〔26〕应，即姬姓的应国。《左传·僖公二十四年》："邘、晋、应、韩，武之穆也。"据此应国为武王之子，然而《汉书·地理志》颍川郡"父城"下班固自注："应乡，故国，周武王弟所封。"两说并不相同，朱凤瀚以为班固之说为是。《国语·郑语》："当成周者，南有荆蛮、申、吕、应、邓、陈、蔡、随、唐。"其初封地，一说始封今山西长子县，后来南迁于今河南平顶山。根据河南平顶山应国墓地的考古发掘情况来看，其位置应该未变，一直在今河南平顶山。

〔27〕京社，疑与金文中京室（何尊）、京宗（班簋）类似，指宗庙建筑。清华简《楚居》多次提到楚人的"京宗"，其实就是楚人的宗庙所在。这里的京社自然是指应国的宗庙。

〔28〕适，《楚辞·离骚》："心犹豫而狐疑兮，欲自适而不可。"王逸注："适，往也。"一说释为"痓"，读为"屏"。

〔29〕漢，右下中部出头，应是涉下文"东"字而误，为"汉（漢）"字之讹。汉东，汉水以东区域。《左传·桓公六年》："汉东之国，随为大。"文献中或称之为"汉阳"。如《左传·僖公二十八年》："汉阳诸姬，楚实尽之。"《左传·定公四年》："周之子孙在汉川者，楚实尽之。天诱其衷，致罚于楚，而君又窜之，周室何

罪？君若顾报周室，施及寡人，以奖天衷，君之惠也。汉阳之田，君实有之。"

〔30〕南，据甬钟 B 组铭文补。

〔31〕涉，三篇字形略有差异，甬钟 B 组显然是涉字无疑。涉，渡水也。如京师畯尊："王涉汉伐楚。"政，读为征。如虢季子白盘（《集成》10173）"赐用钺，用政（征）蛮方"，曾侯與编钟："西政（征）、南伐，乃加于楚。""涉征淮夷"在曾伯𩰱簠（《集成》4631、4632）写作"克狄淮夷"，说的其实是同一个意思。

〔32〕淮夷，频繁见于周代金文。如彔戜卣（《集成》5419、5420）、禹鼎（《集成》2833、2834）、虢仲盨盖（《集成》4435）、师袁簋（《集成》4313）、兮甲盘（《集成》10174）、曾伯𩰱簠、曾侯與编钟等。其主要活动区域在淮河中下游，是周王朝在东南方向的主要威胁。

〔33〕繁阳，屡见于金文及传世文献。如曾伯𩰱簠云："克狄淮夷，印燮繁阳，金道锡行。"晋姜鼎（《集成》2826）云："俾贯通□，征繁阳、雝取厥吉金。"戎生钟云："嘉遣卤积，俾潜征繁阳，取厥吉金。"《左传·襄公四年》："楚师为陈叛故，犹在繁阳。"繁阳之地望，一般以为在今河南新蔡。

〔34〕邵王，即周昭王。昭王南行是西周史上的大事，在传世文献与金文中均有大量的记载。

〔35〕豫，读为舍。舍命，在此可能有两种理解。一种意思是舍弃生命。如《诗经·郑风·羔裘》："彼其之子，舍命不渝。"这种理解与文献记载昭王南征不返的记载相合。另一种意思是发号施令。如作册令方尊（《集成》6016）："舍三事令，眔卿事寮、眔诸尹、眔里君、眔百工、眔诸侯，侯、田、男，舍四方令。既咸令。"这与中甗等青铜器铭文记载王命中设应在曾，在曾发号施令的记载相合。结合上下文来看，后者可能性大。

〔36〕咸，皆、都。《易·乾》："首出庶物，万国咸宁。"金

153

文中常用来表示出使、出征、典礼等事情完成。如小盂鼎（《集成》2839）记载盂出征归来后，在周王面前"告咸"。咸成我事，即"我事咸成"的倒装，意思是我的事情圆满完成。

〔37〕易，读为"赐"，赏赐。甬，读为"用"。政，左边所从"正"的上边写作一个侧立的口形，显然是"政"字之误。"易（赐）之用钺，用政（征）南方"，同样的例子见于虢季子白盘（《集成》10173）："赐用钺，用政（征）蛮方。"甬钟 A 组脱漏"南方"二字，当是涉下文"南公"的"南"字而误。

〔38〕剌，读为"烈"，功业、功绩之意。《诗经·周颂·武》："于皇武王，无竞惟烈。"毛传："烈，业也。"《尔雅·释诂》："烈，绩业也。"郭璞注："谓功业也。"甬钟 B 组"剌"上的"之"字脱。

〔39〕燹，从"火"从"叡"声。"叡"即"睿、叡、濬、睿"等字的声符。"叡"象手（"又"）持铲臿之类的工具（"歺"）疏凿坑谷、沟壑（"𠕎"），是疏濬之"濬"和谷壑、沟壑之"壑"的共同表意初文。读为"骏"，意为大。《诗经·大雅·文王有声》"文王有声，遹骏有声"。骏声有闻，即声名远播之意。

〔40〕陟降，屡见于金文及传世文献，指祖先的灵魂升降。如㝬簋（《集成》4317）："㝬作黼彝宝簋，用康惠朕皇文烈祖考，其各前文人，其濒在帝廷陟降。"《诗经·大雅·文王》："文王陟降，在帝左右。"朱熹《诗集传》："盖以文王之神在天，一升一降，无时不在上帝之左右，是以子孙蒙其福泽，而君有天下也。"马瑞辰《毛诗传笺通释》："《集传》之说是也……古者言天及祖宗之默佑，皆曰陟降。《敬之》诗曰：'无曰高高在上，陟降厥士，日监在兹。'此言天之陟降也。《闵予小子》诗曰：'念兹皇祖，陟降庭止。'《访落》诗曰：'绍庭上下，陟降厥家。'此言祖宗之陟降也。天陟降，文王之神亦随天神为陟降。故曰'文王陟降，在帝左右'。"后因以为祖宗神灵暗中保佑之义。

〔41〕保，保育、培养之意。埶，《说文·丮部》："埶，种也……《诗》曰：我埶黍稷。"此处或是用其培育的本义，与"保"意义相近。一说"保埶"读为"保乂"，金文或作"保辥"，文献或作"保艾"。《尚书·康王之诰》"保乂王家"，《诗经·小雅·南山有台》"保艾尔后"。

〔42〕夔，句首虚词。《尚书》或作"迪"，金文或作"繇"。舍，"余"的分化字，读作"余"。乳，与清华简《楚居》中"乳（孺）子王"的"乳"形体近似，读作"孺"。火，甬钟A组作"小"，"火"或是"小"字之误。小子，自称谦词。《尚书·汤誓》："非台小子，敢行称乱，有夏多罪，天命殛之。"

〔43〕谤，毁谤。《说文》："谤，毁也。"受，读为何字待考，意思大概与谤接近。《左传·昭公元年》："师徒不顿，国家不罢，民无谤讟，诸侯无怨，天无大灾，子之力也。"杜注："讟，诽也。"不过，"讟"与"受"读音不接近，不是通假关系。

〔44〕隶，读为尽。𥼶，从余，可读为"除"。辥，我。"卹"训为"忧"，可能是指上文的"谤受"。尽除辥卹，意为除去毁谤之忧。

〔45〕卑，读为俾，意为赐。《书序》"王俾荣伯作贿肃慎之命"，《史记·周本纪》引"俾"作"赐"。烋，从人从末，或是"休"字之误。"俾辥千休"，意思近于铭文中常见的"锡×（某人）休"或"锡×鲁休"。

〔46〕頫，三篇铭文分别作𩠊、𩠌、𩠎，左边所从不尽相同，但应是一字，疑第三字为正字，可隶作"顆"，读作"偶"。偶天，古书或作配天，即与天相侔。《春秋繁露》卷十三云："人受命乎天也，……唯人独能偶天地。"《尚书·君奭》："故殷礼陟配天，多历年所。"蔡沈《书集传》："故殷先王终以德配天，而享国长久也。"《礼记·中庸》："高明配天。"孔颖达疏："言圣人功业高明，配偶于天，与天同功，能覆物也。"孔惠，《诗经·小雅·楚

茨》："孔惠孔时，维其尽之。"邾大宰簠（《集成》4623、4624）："余诺恭孔惠，其眉寿。"

〔47〕有成有庆，蔡侯申钟（《集成》210、211）"休有成庆"。又宋右师延敦（《文物》1991年第5期）"永永有庆"。

〔48〕福禄，或者鼎（《集成》2662）"用绥福禄"。

〔49〕![字], 从辵, 右边字形不明。待考。一说为"复"字之讹, "复我土疆"与曾侯與钟"改复曾疆"意近。

## 【延展阅读】

### 1. 曾公畋编钟的分组

曾公畋编钟共有34件。笔者整理铭文时尚未开展测音工作，当时依据形制、纹饰、铭文内容等特征分为五组，包括镈钟一组四件、钮钟两组共十三件（其中一组四件、一组九件）、甬钟两组共十七件（其中一组八件、一组九件）。铭文大致分为两类：其中钮钟为一类，内容较为简单，另外四件镈钟和两组甬钟内容为一类。每个镈钟单独成篇，每组甬钟连读成篇，完整铭文共227字。因为铸造工艺等原因，各组编钟铭文存在不同程度的衍文、脱文、错讹等现象。

### 2. 曾国的始封

关于南公与伯括以及高祖与皇祖的身份。南公与伯括的记载首见于曾侯與编钟铭："伯括上帝，左右文武，达殷之命，抚定天下，王逝命南公，营宅汭土，君垡淮夷，临有江夏。"多数学者认为这里的伯适即南公，也就是文献记载的南宫括。但是也有将南公与伯括分开的看法，这种观点虽然也同意伯括就是文献记载的南宫括，但是在受命出任南公的具体身份上有不同的认识。具体而言，有学者认为是南宫毛或大盂鼎器主盂，也有学者认为是南宫天。嬭加编钟铭文说："伯括受命，帅禹之堵，有此南湄。"明确说明受封到南湄的就是伯括，据此，则伯括就是曾侯與编钟的南公。曾公眜编钟的铭文再次同时提及伯括和南公，但是表述与前面两套编钟有所不同，出现了新的内容。铭文开始说"丕显高祖，克逑匹周之文武"（没有说这位高祖是谁），后面接着讲述伯括，从内容看伯括的事迹与高祖不同，生活的年代也不一样。铭文后面又讲到皇祖南公"建于南土"（曾侯與编钟最后部分也说"享于皇祖"），上文已经说明伯括和皇祖南公可能是两代人，也可能是一个人。而且伯括的前面还出现了一位未知的高祖，并且将左右文武的任务也领走了。这样一来，曾公眜铭文的记载的世系势必要重新梳理。从三种记载的年代来看，曾公眜编钟最早，嬭加编钟次之，曾侯與编钟最晚。因此曾公眜这个版本的记载更可能接近历史的真相。伯括之前的那位高祖"逑匹周之文武"，那么他肯定生活在文王、武王之时，据嬭加编钟"余文王之孙"的表述，他肯定是文王的某位儿子。考虑到南宫括活动的年代主要在文武时期，与铭文中的伯括可能不是同一人。有学者已经注意到在清华简《良臣》中"南宫括"与"伯括"是不同的两人，因此铭文中的"伯括"更有可能是《良臣》中的伯括。

### 3. 康宫的性质及"康宫原则"

康宫，唐兰认为是康王之宫。"康宫"里有"邵宫""穆宫""㵎大室""刺宫"，分别是昭王、穆王、夷王、厉王的宗庙。因此金文中凡出现"康宫"的必是康王身后之器，凡记有夷、厉二宫之器，自然是夷王、厉王身后之器。这项原则对于金文的断代意义重大，被称为"康宫原则"。唐兰的这一观点，虽然有学者反对，但是到目前为止，尚未发现与此相矛盾的考古发掘出土器物。"康宫原则"数十年来不断被新出土的铜器铭文所证实。因此，唐兰的"康宫原则"也逐渐被多数学者所接受。

据笔者检索所及，这是东周金文第一次出现"康宫"的记载，也极可能是对"康宫原则"的一次重大挑战。因为根据叶家山墓地的年代，曾国始封（以第一代曾侯谏的年代来看）不可能晚至昭王或其后。如果伯括是皇祖的父辈，伯括"在康宫"的事自然早于叶家山；如果是同人，它的年代也只能等于或早于叶家山。那么"在康宫"这件事必然早于昭王。这样就与唐兰的"康宫原则"产生了冲突。如果"在康宫"的是曾公睬，则可以避免冲击早已为大家广泛接受的"康宫原则"，但是这一假设也不无疑点，因为上下文都是追述祖先的功绩之词，突然从历史的追述中跳脱出一句对现时时事的描述，显得非常奇怪。

　　曾公睬编钟铭文发表之后，曾引起学界一股关于康宫问题能否成立的讨论热潮。杜勇认为曾公睬编钟的高祖与皇祖是两个人，在康宫受封是皇祖南公，而非曾公睬。令方彝应为成王时器，铭文中的"康宫"并非康王之庙，而是东都成周一座兼有宗庙礼仪建筑的多功能大型王宫。陈民镇认为铭文中的高祖、伯括和皇祖都是南公，指同一人。曾公睬在追述先祖事迹时，套用改造了西周中晚期的册命铭文格式和用语，并非当时实录，难以做为否定"康宫说"的依据。韩巍认为钟铭不可避免掺入春秋时人对西周历史的认识和想象，当时的曾国贵族将自己熟悉的"康宫""尹氏"及规范化的册命仪式移植到了西周早期，其中存在"合理化虚构"的成分。刘树满通过令方彝、义方彝（《铭图三》1149）、祈方彝等圆鼓腹方彝的比较，认为令方彝和祈方彝的形制近同，时代均应定在昭王。对于曾公睬编钟所载曾国始封在"康宫"，他认为并不真实。推测是因为年代久远，后世对宫名的记忆模糊，于是采用了"康宫"这个使用频率最高的宫名。

　　关于康宫的性质，还有不同的认识。譬如笔者在简报的注释中曾引述的李峰的观点。他认为金文中的康宫有两个，一般冠以"周"的"周康宫"是一座宗庙综合体，位置在周原。而令方彝中提到的位于成周的康宫可能是一个与康王的宗庙无关的建筑。这种观点能够较好地解决铭文中出现的矛盾。但是说"成周的康宫可能是一个与康王的宗庙无关的建筑"可能还需要更多的证据。

### 4. 关于曾国的疆域

铭文讲到：皇祖建于南土，敞蔡南门，质应京社，适于汉东。南方无疆，涉征淮夷，至于繁阳。这是对曾国分封之时南方政治地理格局以及曾国疆域的直接描述，类似的描述还有曾侯與编钟铭文所说的"君坒淮夷，临有江夏"。应、蔡俱为武王昆弟之封国，地位显赫，封地正位于成周洛阳的南边，呈藩屏之势。伯括所封的"南土"或"南洭"，具体来说就是铭文所说的"适于汉东"。其北与应、蔡接壤，南方是没有边界的，所谓"涉征淮夷，至于繁阳"名义上分封给曾国，实际上则需要曾国靠武力去争取。这个情况与平王东迁，赐秦襄公岐以西之地的情形类似。这样曾国实际上是周王朝在南方的外围屏障，直接与淮夷接壤。在昭王南行至曾的时候，曾国又得到"易（赐）之甬（用）钺，用政（征）南方"的待遇，这样，曾国在实际上成为了南方之长，名副其实的汉东大国，其地位可与东方的齐国并驾齐驱。

需要说明的是，关于曾侯與编钟铭文所说的"君坒淮夷，临有江夏"这句话。因为"坒"字的释读尚有争议，再加上淮夷考古学文化集中在安徽江淮地区，而且传统观点也认为淮夷直到西周中后期才频繁在金文中出现，使得不少学者认为曾国不可能遥控江淮地区的淮夷，因此有学者认为曾侯與编钟铭文反映的是春秋时人根据当时情况撰写，并不反映西周史实。结合曾公瑛铭文反映的政治地理格局来看，特别是铭文讲到"涉征淮夷，至于繁阳"，再次明确提示了曾与淮夷的关系。我们认为"君坒淮夷，临有江夏"绝非虚言，而是曾国在南方政治格局中战略作用的精确概况，即东南方向征服淮夷，西南方向遏制荆楚。

159

## 【进阶篇目】

1. 郭长江、凡国栋、陈虎、李晓杨：《曾公畎编钟铭文初步释读》，《江汉考古》2020 年第 1 期。

2. 蒋文：《说曾公畎编钟铭文的“骏声有闻”》，复旦大学出土文献与古文字研究中心网站，2020 年 5 月 2 日；《汉语史与汉藏语研究》2020 年第 1 期。

3. 田成方：《曾公畎钟铭初读》，《江汉考古》2020 年第 4 期，第 117 页。

4. 陈斯鹏：《曾公畎编钟铭文考释》，《中国文字》2020 年夏季号，第 291 页。

5. 陈民镇：《曾公畎编钟铭文补说》，《汉字汉语研究》2020 年第 4 期。

6. 付雨婷：《曾国三件长篇编钟铭文集释》，吉林大学硕士学位论文，2021 年。

7. 陈兆潘：《曾公求编钟铭文集释及相关西周春秋史实研究》，河北师范大学硕士学位论文，2021 年。

8. 唐兰：《西周铜器断代中的“康宫”问题》，《考古学报》1962 年第 1 期。

9. Li Feng：Method, Logic, and the Debate about Western Zhou Government: A Reply to Lothar von Falkenhausen，Front. Hist. China 2017, 12(3): 485—507。

10. 杜勇：《曾公畎编钟破解康宫难题》，《中国社会科学报》2020 年 6 月 8 日第 5 版。

11. 陈民镇：《曾公畎编钟并未挑战“康宫原则”》，《中国社会科学报》2021 年 4 月 28 日第 9 版。

12. 韩巍：《今天的铜器断代研究本质上是考古学研究——兼论新材料能否挑战“康宫说”》，《中国史研究动态》2022 年第 3 期。

13. 刘树满：《也谈曾公畎编钟与令方彝暨“康宫”原则问题》，

《江汉考古》2022 年第 4 期。

14. 李峰：《令方彝、令方尊及新出土曾公畎编钟所见"康宫"年代质疑》，李峰、施劲松主编《张长寿、陈公柔先生纪念文集》，中西书局，2022 年，第 355—372 页。

# 28. 楚王作嬭□盘 [1]

【图版】

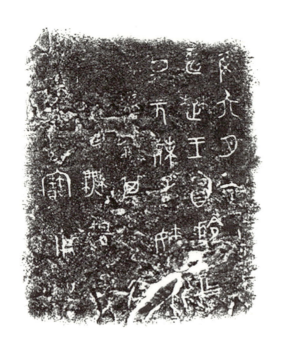

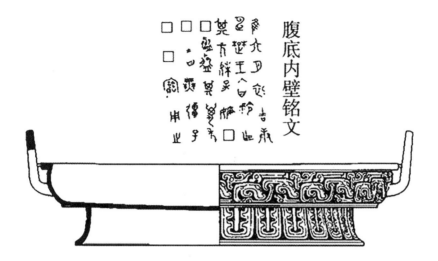

**【释文】**

隹（唯）六月初吉庚

申，楚王酓（熊）䣄[2]乍（作）

其元妹[3]孟嬭□

□[4]盥盘，其万年

□寿无疆，子

□□宝用之。

**【著录】**

《考古》2023 年第 10 期

**【注释】**

〔1〕2018—2019 年出土于义地岗墓群枣树林墓地（M191：43），
现藏湖北省文物考古研究院。

〔2〕䣄，字迹漫漶，大致可辨从素、从令，发掘者据年代及字
形特征推测为楚成王熊頵。待考。

〔3〕元，善。该器出自 M191，墓主应为楚王熊䣄之妹、曾公畎

夫人。

〔4〕"嬭"下两字漫漶不清，当为器主私名。同墓所出墓主私名为，从米、从廾、从害。右侧形体与嬭加钟用为"胡"字的"璹"相同。具体读法待考。

【延展阅读】

1. 金文中的楚王名

传世及考古所见楚王器不多见，楚王私名更是稀少。每出一器，辄有学者考究其相当于传世文献中的哪位楚王，但是意见分歧较大。下面列出目前金文中所见楚王名。

表一

| 金文名 | 典籍记楚王名（说家） | 器名 | 时代 |
|---|---|---|---|
| 楚公豪 | 熊渠（张亚初） | 楚公豪钟、戈 | 西周晚期 |
| 楚公逆 | 熊鄂（孙诒让） | 楚公逆钟 | 西周晚期 |
| 楚王酓审 | 熊审（李学勤） | 楚王酓审盉 | 春秋中期 |
| 楚王酓章 | 熊章（赵明诚） | 楚王酓章戈、剑 | 战国早期 |
| 楚王酓悗 | 熊疑（邹芙都） | 楚王酓悗盘、匜 | 战国早期 |
| 楚王酓前 | 熊元（陈秉新） | 楚王酓前簠、盘 | 战国晚期 |
| 楚王酓忏 | 熊悍（郭沫若） | 楚王酓忏鼎、盘 | 战国晚期 |

【进阶篇目】

1. 夏渌：《铭文所见楚王名字考》，《江汉考古》1985 年第 4 期。

2. 何琳仪：《楚王领钟器主新探》，《东南文化》1999 年第 3 期。

3. 严志斌：《楚王领探讨》，《考古》2011 年第 8 期。

# 29. 曾侯宝镈〔1〕

【图版】

【释文】

曾侯宝[2]

择其吉

金，自乍（作）

行钟，其

永用之。

【著录】

《江汉考古》2024 年第 1 期；《龢钟鸣凰》

【注释】

〔1〕2018—2019 年出土于义地岗墓群枣树林墓地 M 168 : 6，现藏湖北省文物考古研究院。

〔2〕宝，人名。

【延展阅读】

1. 墓主身份

M168 墓主人为曾侯宝，其夫人为 M169 墓主人嬭加。据嬭加编钟铭文"龚公早陟"，曾侯宝谥号为"龚公"，比嬭加去世的早。墓葬多次遭到盗扰，出土编钟 15 件，组合不完整。

M168 出土编钟

# 30. 曾公戈<sup>〔1〕</sup>

**【图版】**

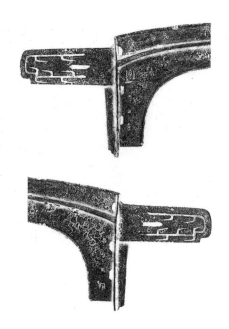

**【释文】**

鯀山<sup>〔2〕</sup>之金，曾公用斿。

**【著录】**

《江汉考古》2024年第1期

**【注释】**

〔1〕2018—2019年出土于义地岗墓群枣树林墓地（M168：3），现藏湖北省文物考古研究院。

〔2〕鯀，《说文》：“大阜也，从阜，鯀声。”鯀山，待考。

# 31. 嬭加钟 [1]

【图版】

M169：9

M169：12

M169：7

M169：10

M169：9　B面铭文摹本

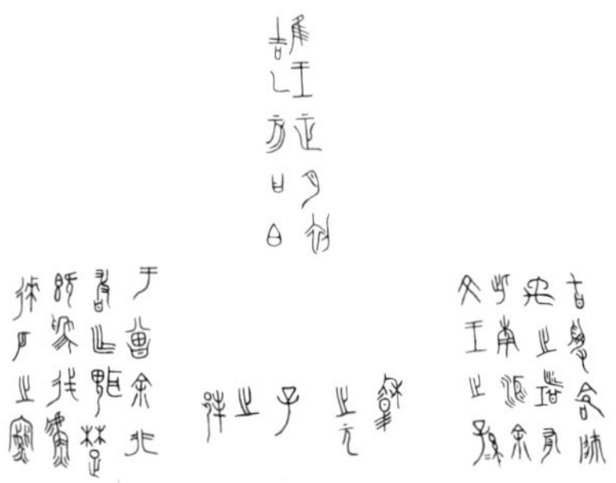

M169：9　A面铭文摹本

M169：12　B面铭文摹本

M169：12　A面铭文摹本

M169：7　B面铭文摹本

M169：7　A面铭文摹本

M169：10　B 面铭文摹本　　　　　　　　M169：10　A 面铭文摹本

【释文】

佳（唯）王正月初

吉乙亥，曰：白（伯）

舌（括）[2]受命[3]，帅

禹之堵（堵）[4]，有

此南洍[5]。余

文王之孙[6]，

穆之元子[7]，之邦

于曾[8]。余非

敢乍（作）瑰（耻?）[9]，楚

既为代（式）[10]，盧（吾）

述（仇）匹之[11]。燹（密）

臧（壮）我憖（猷）[12]，大命

毋改。余

乳（孺）小子[13]加

嬭[14]曰：呜

呼！覟（龏）公

纍（早）陟[15]，余复其

疆畕（鄙）[16]，行相

171

曾邦[17]，以
长𫷷夏[18]，

M169：9

余典册厥
德[19]，殹民之
羝（氐）巨（矩）[20]，攸攸
骁骁（洋洋）[21]，余［为妇］[22]为
夫，余
滅（黾）頮（勉）[23]下（舒）犀（迟）[24]，
觐（恭）畏儔
公[25]及我大
夫，龖龖豫
政[26]，作𫷷邦
家[27]。余择
𫷷吉金
玄镠黄
镈，用自作宗
彝穌钟，以乐好
宾嘉客、

M169：12

父兓（兄），及我
大夫，用
孝用享，
受福无
疆，羇（侃）其平
穌[28]，
休淑孔
煌，大夫

庶士，

齋齋趯［=］（翼翼），

酬献

歌舞，匽（宴）

喜（饎）饮

食，易（赐）

M169：7

我霝（令）

冬（终）黄

耇，用

受璹（胡）福[29]，

其万

年

毋改，

至于

孙子，

石（庶）[30]保

用之。

M169：10

**【著录】**

《江汉考古》2019 年第 3 期；《龢钟鸣凰》

**【注释】**

〔1〕2019 年出土于湖北省随州市义地岗墓群枣树林墓地（M169：9、12、7、10），现藏湖北省文物考古研究院。

〔2〕舌，读为括。伯括，亦见于文峰塔 M1 曾侯與编钟。学界一般认为即文献中记载的南宫括。

〔3〕受命，即禀受上天之命，以显示其政权的合法性。《尚

书·召诰》："惟王受命，无疆惟休，亦无疆惟恤。"秦公簋（《集成》4315）、叔夷镈（《集成》285）写作"受天命"。毛公鼎（《集成》2841）作"受大命"，逨盘作"受天大鲁命"。

〔4〕帅，从寻从巾，遵循、继承之意。《国语·周语下》："帅象禹之功，度之于轨仪。"韦昭注："帅，循也。"堵，读作堵。禹之堵，见于叔夷镈。或作"禹迹"。《左传·襄公四年》"芒芒禹迹，画为九州"，秦公簋亦云："鼏宅禹迹"。禹之堵即禹迹、九州的之意。

〔5〕淊，《说文》："淊，水也，从水臣声。《诗》曰：'江有淊。'"曾侯與编钟铭文记载南公受封之地说，"王遣命南公，营宅汭土，君庇淮夷，临有江夏"，可与此对读。

〔6〕孙，A、C组编钟该字下有两个短横。B、D组则无。按照古文字的书写规则，有读"子孙""孙子""孙孙"三种可能。"文王之孙"乃追叙远祖。

〔7〕穆，应与曾大工尹季怠戈"穆侯之子，西宫之孙"相关。穆之元子，即穆侯的长子。一说"文王之孙，穆之元子"中的文王指楚文王，穆指楚穆王，嫡加为楚文王之孙，楚穆王之女。

〔8〕之，A、C、D组均写作"之"，B组写作"出"。邦于曾，在曾地建邦，则可见曾为国名或地名。金文中常见"侯于某地"之类的记载，如克盉"命克侯于匽"、宜侯夨簋（《集成》4320）"侯于宜"。之，往也。即前往曾地建邦。我们认为这里更可能以"出"字为是。"之""出"二字形近，很容易写错。出邦于曾，即离开周人的中心区域，到远在千里之外，处于南淊之地的曾国建邦。同样的记载见于麦尊（《集成》6015），"王令辟井（邢）侯出坏，侯于井（邢）"。一说"之"为往嫁之意。《诗经·周南·桃夭》："之子于归，宜其室家。"毛传："之子，嫁子也。于，往也。"

〔9〕聭，从鬼从耳，读为耻。作耻，义近于《左传》哀公二年"无作三祖羞"、襄公十八年"无作神羞"。此句的意思是不敢让祖先蒙羞。

〔10〕代，从弋从彳，读为"式"。《诗经·大雅·下武》："成王之孚，下土之式。"毛传："式，法也。"

〔11〕述匹，即仇匹，金文习见，匹配之意。

〔12〕燹，从宓从火，即密字。臧，读为壮。懋即猷，金文多用为谋略义。如猷簋（《集成》4317）"宇慕远猷"，墙盘（《集成》10175）"远猷腹心"。"密壮我猷"，句式与晋姜鼎"宣邲我猷"、《清华简（伍）·封许之命》简5"毖（壮）者尔猷"、《诗经·小雅·采芑》"方叔元老，克壮其猷"有相近之处。句意暂不明晰。

〔13〕乳（孺）小子，详下文。

〔14〕加嬭，即M169墓主人，曾侯宝之夫人。同墓出土铜匕也有铭文"加嬭行匕"。墓葬出土铜缶及盘匜皆有铭文"楚王媵随中（仲）加嬭"，这是楚王嫁女入曾所作的媵器，而这套编钟和匕则可能为墓主人自作器，所以称谓有所不同。

〔15〕龚，从兄从龏，读为龚。龚公，应该是加嬭的丈夫曾侯宝。曓，从日橐声，读作早。陟在此可有两种解释：其一，指谓登上帝位。《尚书·舜典》："三载，汝陟帝位。"孔传："陟，升也。"其二，指升遐，升天。指帝王薨逝。《尚书·康王之诰》："惟新陟王，毕协赏罚。"蔡沈《书集传》："陟，升遐也。"中山王𰻝鼎（《集成》2840）云："昔者，我先考成王，早弃群臣。"可参。龚公早陟，应该是说加嬭的丈夫曾侯宝去世较早。

〔16〕匔，《说文》："匔，重也，从勹，复声。匔，或省彳。"B组编钟写作"保"。匔，读为"覆"，庇护、保护之意。《诗经·小雅·蓼莪》："顾我复我，出入腹我。"高亨注："复借为覆。庇护之意。"从这个意思上讲，保、复同义。啚，读作鄙，边鄙之意。甲骨文有东鄙、西鄙。殷簋铭文载："命汝赓乃祖考友司东啚五邑。"《左传·隐公元年》："既而大叔命西鄙、北鄙贰于己。"疆啚，犹疆土、疆域。曾侯與钟铭"改复曾疆"可与之合观。

〔17〕相，治理。《左传·昭公二十五年》："公鸟死，季公亥与

175

公思展与公鸟之臣申夜姑相其室。"杜预注:"相,治也。"

〔18〕长,引长,延长。《尚书·立政》:"敬尔由狱,以长我王国。"夏,也称华夏、诸夏。《尚书·舜典》:"蛮夷猾夏,寇贼奸宄。"孔传:"夏,华夏。"《左传·定公十年》:"裔不谋夏,夷不乱华。"秦公簋云"虩事蛮夏"、叔夷镈云"剸伐夏后"。此句意为光扬华夏。

〔19〕典册,即典策。《左传·定公四年》:"备物、典策、官司、彝器。"本意是记载典章制度等的重要册籍。这里应是使动用法,典册厥德,指将其德行载入典册。

〔20〕殹,句首语助词。氏,从羊氏声。读作氏,本,根本之意。《诗经·小雅·节南山》:"尹氏大师,维周之氐。"巨,即规矩,法度。《说文·工部》:"巨,规巨也……榘,巨或从木矢。"段玉裁注:"按规矩二字犹言法度。"桂馥《说文解字义证》:"规巨也者,《管子·七臣七主篇》'夫巨不正不可以求方',经典作矩。"《礼记·大学》:"是以君子有絜矩之道也。"郑玄注:"矩,或作巨。"氏巨,即根本法则。大意是说加嬭已经开始执掌政权,大权在握。巨字,C组编钟写作"王",王字或为巨字之误。

〔21〕攸,字下有重文符,即悠悠,长久,连绵不断的样子。骉,从马从羌。字下有重文符,读为洋洋。悠悠洋洋,形容宽舒自在。可参考吴王光钟"敬夙(肃)而(尔)光,油油羕羕"。

〔22〕为妇为夫,"为妇"两字误夺,据 C、D 组铭文补。

〔23〕滅,顝,"顝"见于《说文·页部》:"顝,内头水中也。从页、叟,叟亦声。"同"没"。滅顝,读为黾勉。《诗经·邶风·谷风》中的"黾勉同心"阜阳汉简作"汹没同心",可参。

〔24〕下犀,读为舒迟。参见曾伯霥簋。

〔25〕儔,从口。读为儔。犹辈、类也。王符《潜夫论·忠贵》:"此等之儔,虽见贵于时君,然上不顺天心,下不得民意。"儔公,犹群公,指并世之诸侯。

〔26〕龘，从二龙，一正一反，其中一龙从匕，即牝龙。《说文》："龘，飞龙也。从二龙，读若沓。"龘字下重文符据 C、D 组补。龘龘，词义不详。豫，喜悦、欢快。《国语·晋语四》："坤，母也；震，长男也。母老子强，故曰豫。"韦昭注："豫，乐也。"蔡侯申钟（《集成》210）铭文作"窜窜豫政"，可参。

〔27〕邦家，即国家。《诗经·小雅·南山有台》："乐只君子，邦家之基。"中山王𰯽鼎云："昔者，吾先祖桓王、昭考成王，身勤社稷，行四方以忧劳邦家。"可参。

〔28〕䰚，读为侃，和乐貌。清华简《系年》简 124"鲁侯䍲"，简 120 作"鲁侯侃"。

〔29〕璕，从玉、从廾、从害，读为胡。《仪礼·士冠礼》："眉寿万年，永受胡福。"郑玄注："胡，犹遐也，远也。远，无穷。"

〔30〕石，待考。初步考虑其用法可能与曾侯丙缶的"硤"相同。

## 【延展阅读】

### 1. 嬭加编钟的组合

嬭加编钟出土于随州枣树林墓地 M169 椁室北侧及其东侧，共有 19 件。整理者根据编钟大小、铭文内容、字体、出土位置等信息判断编钟应该分为四组。其分组情况如下：

第一组，包括 M169：9、M169：12、M169：7、M169：10 四件一套，铭文首尾完备，是完整的一组。

第二组，M169：20，根据铭文判断至少还缺少 1 件。

第三组，M169：13、M169：8、M169：11、M169：14、M169：19，根据铭文判断应缺少一件。

第四组，M169：23、M169：15、M169：21、M169：22、M169：17、M169：18、M169：16、M169：40、M169：41，九件一套，铭文首尾完备，是完整的一组。

M169 出土嬭加编钟组合

在《嬭加编钟铭文的初步释读》（以下简称《初释》）一文中，整理者以第一组编钟为例公布了该组编钟的尺寸及铭文内容。随后，整理者在《考古》2020 年第 7 期中公布了全部 19 件编钟的组合照片（见上图），从不太清晰的照片来看，照片中上下三列编钟并非按组排列。结合《初释》公布的释文内容，可以对嬭加编钟的分组情况进行判断：

第一行左起第一枚编号为《初释》M169：12，为第一组第二枚；第一行左起第二枚编号不见于《初释》，推测为《初释》所定第二组，编号为 M169：20；第一行左起第三枚编号为《初释》M169：9，为第一组第一枚；第一行左起第四枚编号为《初释》M169：7，为第一组第三枚；第二行左起第三枚编号为《初释》M169：10，为第一组第四枚；从钮部、铣部特征来看，第二行的第一、二、四、五、六应该就是《初释》所定的第三组，共 5 枚；第三行应该就是《初释》所定的第四组，共 9 枚。

## 2. 释“孺”及“孺小子”

“余子加嬭曰”整理者将（后文以A表示该形）释为“虢”，并认为后面的内容为嬭加自述。郭理远认为该形左面是“水”旁之残，可分析为从水、挽声，或从子、浼声，疑读为“勉”，后面铭文是曾侯宝勉励嬭加的内容，所以编钟的制作者为曾侯宝。释“勉”说得到很多学者的赞同。如陈斯鹏、蒋伟男、吴镇烽等。只是蒋伟男将“勉”读为“末”，认为“余末小子”是嬭加的谦称。石小力将A隶定成“𣳚”，括注为“冲”。以上诸家说法，释“虢”说可以首先排除。因为“虢”字左部从㝵，而铭文左下部从子，两者不同；“虢”字右部从虎，铭文相隔五字之后的“虖”字作，其上部为“虎”旁，A形右上部与此差异明显，A形绝非“虢”字。释“勉”“冲”二说也存在问题，因为A形左上部不似“水”旁，右上部与楚系文字中的“免”和“冘”二旁写法都存在差异，所以这两种释法也均有可疑之处。

A形是铭文里最为关键的形体，因为该形的考释直接关系到编钟的定名及整篇铭文的理解方向。现将此形在四组编钟内的写法转录于下，再讨论相关问题。

**表一**

| 组类 | 第一组 | 第二组 | 第三组 | 第四组 |
| --- | --- | --- | --- | --- |
| 写法 |  |  |  |  |

首先讨论"小"字的有无问题。整理者认为铭文中 A 下、"子"上为"小"字，但第一组铭文该处模糊，无法分辨出是否为文字，所以学者多不信从此说。现在看到第二组铭文中对应的位置确实存在"少（小）"字，而第三、四两组中"小""子"二字是以合文形式出现的。所以可以确定钟铭此处确有"小"字。至于第一组编钟，不知是存在讹变，还是未能完全剔锈所至。

下面重点讨论 A 形的释读。对比四组铭文，第四组钟铭 A 形略残，讨论时应该以前三组写法为主。结合上录形体来看，A 形左上角不是"水"形，而是"子"旁的一部分。A 形右面与"虎""免"和"尤"均不同。所以旧说似乎都不正确。综合考虑，我们认为该形应为"乳"字。东周时期"乳"字形体如下：

《周易》简 2　　《楚居》简 11　　曾侯乙编钟

《古玉印精萃》18　　曾公䣄编钟

以上竹简、曾侯乙编钟、玺印里面的"乳"字经过陈剑、赵平安、郭永秉的考证，已被学界广泛接受，无疑是正确的。上录最后一形出自曾公䣄编钟，铭文释作"乳"字也无问题。这些"乳"字写法有其共同特征，即右上部为"人"形变体，左下部为"子"形，"人"、"子"二形中间往往带有 V 形笔画连接两者，V 形有时会发生讹变。将 A 形与上录"乳"字相比，第三组铭文写法（　）与"乳"字十分接近，它们应该是同一个字。至于 A 中"子"旁上有三个短画，很可能是上录"乳"字中 V 形脱离并进一步演变而来，这种演变可能是由于"子"字上部常常带有三个短画（如《说文》中"子"的古文作　），也可能是需要哺乳者皆为幼童，即是小子，所以把中间 V 形变成"小"形以起到表意作用。那么按照常见用法，"乳"应读为"孺"。从词例上看，"余孺小子"为嬭加的自称，"乳（孺）"字用在此处极为通顺。"孺小子"即"孺子"，传世典籍及出土文献中"孺子"这一称呼十分常见，上引赵平安、郭永秉文章已列出大量例证，可参看。至于"孺小子"的用例在出土文献中也有出现，且恰恰就在曾国铭文中，上文提到的曾公㻫编钟"乳"字所在的辞例为："……余乳（孺）小子，余无谤受。"曾公㻫编钟与嬭加编钟铭文里都出现了"余孺小子"，两者正可互证，这说明将 A 释为"乳"读作"孺"是可信的。

　　释 A 为"乳"，这与第三组铭文写法相合。但第一、二两组铭文中 A 的写法与第三组还有差别，其右上部写作帘形（B 组略有省讹）。我们最初认为帘形上部是在"人"形基础上累增的偏旁，可能是人所佩戴的某种特殊冠饰的象形写法，它与人形结合起来共同表意。吴振武提示帘形可能与"孺"的初文有关，铭文很可能是将"乳"字中"人"形变成音近的"孺"，也就是说 A 形融合了"乳""孺"两个字的写法。反复考虑，我们认为这一意见值得重视。关于"孺"字早期写法，徐宝贵曾有专门研究，他认为"需"字所从的🔲形（孟簋《铭图》5174）"象脑袋较大，刚会走路，四肢柔软不稳的幼儿之状"，是"孺"字的初文。第一、二两组铭文中 A 右部的帘形很可能就是"孺"字原始形体的一种孑遗，只是写法略有讹变，把下部本来应作直立分叉的腿形🔲，改作侧立人形 ﾉ，这应是为了和左下部"子"旁结合成"乳"。所以该形很可能是结合了"孺""乳"二字而来。古文字中存在将两个经常通假的字糅合成一个字的例子，如"献"字作🔲（侯马 67∶45），糅合了"献"和"鲜"两个音近字；"害"字作🔲，糅合了"害"与"萬"两个音近字，吴振武对此现象曾有专门讨论。A 在第一、二两组中的写法可能也属于此类情况。总之，A 形中有"子"旁、"人"旁，而且两者分别位于左下和右上，相互位置关系较为固定，还有辞例的约束，将其释为"乳"

读作"孺"是十分通顺的。

关于铭文中"孺小子"的具体含义还需辨析。"孺小子"即"孺子"，钱大昕曾专门讨论"孺子"一词，其云："考诸经传，则天子以下嫡长为后者乃得称孺子。《金縢》《洛诰》《立政》之'孺子'，谓周成王也。……又《左传》季桓子之妻曰南孺子，则又以为妇人之称。"可见"孺子"既可指称天子、诸侯、世卿的继承人，也可指妇人。由钟铭可知嬭加之夫靠公早陟，嬭加已执掌曾国，身份显赫，所以嬭加是可以凭借政治地位自称为"孺小子"的。另一方面，嬭加身为曾侯之妻，属于贵妇，以此身份自称"孺小子"似乎也并无不妥。两者究竟哪一种情况更接近事实呢？我们认为前一种可能性更大。钱大昕所引"《左传》季桓子之妻曰南孺子"出自《左传·哀公二年》，原文云："秋，季孙有疾，命正常曰：'无死。南孺子之子，男也，则以告而立之。女也，则肥也可。'"杜预注："南孺子，季桓子之妻。"钱大昕说盖源自杜预注，然而杜注却是有问题的。杨伯峻注此句时便提出质疑，他分别引用俞正燮《癸巳类稿》、章太炎《春秋左传读》中说法指出"孺子"身份较低，其说是。从文献中用法来看，指称女子的"孺子"多为妾的身份。而嬭加为楚国之女，身份尊贵，应是曾侯之嫡夫人；此时更是曾国的执政者，地位显赫。所以其自称"孺小子"恐怕不会以地位较低的妾的身份，而是以执政者的口吻，这与曾公畎自称为"孺小子"是相同的。当然铭文中这一称呼已经带有很大的自谦成分。

"乳"字释读既已确定，则铭文第二段首句为"余孺小子加嬭曰"，此句后面的内容都是嬭加的自述之词。纵观全篇铭文，都以"余"字贯穿，中间不曾出现叙述立场和称呼的转变。所以编钟的制作者当可确定为嬭加，此编钟当可定名作嬭加编钟。

### 3. 嬭加编钟的时代

关于编钟的时代，学者意见不一。上文已论，编钟为嬭加所做，铭文中嬭加自称"穆之元子",以谥号称其父亲,可见编钟制作时楚穆王已经去世,楚穆王去世时间为公元前614年,则编钟的制作年代应该在此年之后。楚穆王的下两代分别是楚庄王和楚共王,前者在位23年(公元前613—前591年),后者在位31年(公元前590—前560年)。嬭加为穆王之女,而庄王在位时长23年,所以嬭加出嫁时间应该在穆王或庄王时期,基本不会晚到共王。而嬭加嫁至曾国不久,龚公早亡,嬭加执政曾国,作此编钟。那么,编钟的制作年代应该在庄王或共王早期,即时间可限定在公元前613年至公元前560年之间,这是不难推断的。

与嬭加编钟相关的两件器物。一件是随仲嬭加鼎(《铭图》2318),铭文云:"唯王正月初吉丁亥,楚王媵随仲嬭加食繁。其眉寿无期,子孙永宝用之。"另一件是王子申盏(《铭图》6017),铭文云:"王子申作嘉嬭盏盂,其眉寿无期,永保用之。"两者分别是楚王和王子申为嬭加所作的媵器。过去对这两件器物的时代存在争议。因为都是媵器,所以它们的制作时代应该在嬭加完婚之时。据上文所论,嬭加是楚穆王之女,那么随仲嬭加鼎铭中的"楚王"很可能是楚穆王,属于父亲给女儿制作媵器,那么这两件器物的时代应该是楚穆王时期。当然,还有另一种可能,古代兄长也可为妹妹制作媵器,如养伯受簠(《铭图》5941)"养伯受用其吉金作其元妹叔嬴为心媵簠",类似的器物还有宋公栾簠(《铭图》5904)、西林簠(《铭图》5799)等,这些器物都是器主为妹妹所作的媵器。所以随仲嬭加鼎铭中的"楚王"也有可能是楚庄王。再参考王子申的情况,其事迹见于《左传》,亡故时间为鲁襄公二年(公元前571年),他在楚庄王和楚共王时期活跃了42年之久。他在给嬭加制作媵器时应该已经成年,并拥有一定的政治地位,再考虑古人的年龄问题,这两件器更可能是庄王时期所作。若此推测可信,则鼎和盏分别是楚庄王和王子申两位兄长为妹妹嬭加铸造并陪媵。总之,随仲嬭加鼎和王子申盏可能是楚穆王或楚庄王时期的器物,后者可能性更大。

**【进阶篇目】**

1. 郭长江、李晓杨、凡国栋、陈虎:《嬭加编钟铭文的初步释读》,《江汉考古》2019年第3期,第9—19页。

2. 陈斯鹏:《曾、楚、周关系的新认识——随州枣树林墓地M169出土编钟铭文的初步研究》,《出土文献》2020年第2期,第29—37页。

3. 吴冬明:《嬭加编钟铭文补释并试论金文所见曾楚交往的政治辞令》,《江汉考古》2020年第3期,第115—120页。

4. 程浩:《加嬭编钟与楚庄王服曾》,《北方论丛》2021年第4期。

5. 石小力:《随州枣树林墓地出土芈加编钟铭文补释》,《青铜器铭文研究学术研讨会会议论文集》,2020年,第136—140页。

6. 赵平安:《释战国文字中的"乳"字》,《中国文字学报》(第四辑),商务印书馆,2012年,第51—55页。

7. 郭永秉:《从战国楚系"乳"字的辨释谈到战国铭刻中的"乳(孺)子"》,《简帛·经典·古史》,上海古籍出版社,2013年,第345—352页。

8. 郭理远:《嬭加编钟铭文补释》,《中国文字》2019年冬季号。

9. 吴毅强:《嬭加编钟铭文新释及相关问题考辨》,《北方论丛》2021年第4期。

10. 蒋伟男:《嬭加编钟器主身份补说》,《出土文献》2022年第1期。

11. 李春桃、凡国栋:《嬭加编钟的定名、释读及时代》,《江汉考古》2022年第6期。

12. 胡其伟:《试论嬭加编钟的时代与曾楚关系》,《江汉考古》2022年第6期。

# 32. 楚王媵随仲嬭加鼎[1]

【图版】

国博器

省博器

器铭

盖铭

**【释文】**

唯王正月初

吉丁亥，楚王媵

随[2]中（仲）嬭加[3]飤繁，

其眉寿无期，

子孙永宝用之。

**【著录】**

国博器：《江汉考古》2011 年第 4 期；《国博百年藏粹》第

146—147 页

省博器：《江汉考古》2017 年第 4 期；《江汉汤汤》第 168—169

页；《华章重现》第 274—275 页

**【注释】**

〔1〕出土时间不详，推测应出自湖北省随州市义地岗 M169 嬭加

本人的墓葬，这套器物是楚王为其嫁给随国的女儿所作的媵器。现

分别藏于中国国家博物馆和湖北省博物馆。

〔2〕随，传世文献记载的周代国名。《左传·桓公六年》曰：

"汉东之国，随为大。"《左传·定公四年》曰："周之子孙在汉川者，楚实尽之。"《国语·郑语》载："当成周者，南有荆蛮、申、吕、应、邓、陈、蔡、随、唐。"考古发现已经以无可辩驳的事实证明曾随为一国二名。

〔3〕中，读为仲，表示排行。嫡加，人名。

**【延展阅读】**

### 1.曾随之谜

曾国不见于文献记载，然而自宋以来多次出土曾国铜器。北宋时湖北安陆一带即出土过两件曾侯钟，1933 年安徽寿县朱家集楚王墓被盗掘，出土一对曾姬壶。1934 年刘节根据这些铜器铭文资料对曾国族姓与地理作了初步的探讨，提出此曾国为姬姓，与山东之姒姓曾国并立，推定此曾国范围为"北起郑郊、南及光州、西起南阳、东抵睢州"。

1966 年京山苏家垅出土大批曾国铜器，陈振裕提出"湖北京山发现的曾侯铜器，应当属于在湖北境内的姬姓曾国"。1978 年湖北随州发掘曾侯乙墓，出土大量珍贵文物，其中许多铜器上均铸有"曾侯乙"铭文，尤其是其中的一件镈钟，为楚王熊章（楚惠王）专为祭奠曾侯乙所作，铭文内容与宋代安陆发现的"曾侯钟"相同，这些发现确证在春秋战国时期在今随州一带存在一个历史悠久的曾国，而这一带是文献中确切记载的随国所在，考古发现与文献记载的不一致，引发了学者们对曾、随关系的激烈争论，揭开了学术界探讨曾、随历史、地理与文化的历程。

1978 年 10 月 4 日，李学勤在《光明日报》上发表《曾国之谜》的文章，首次提出曾即随，铜器铭文中的曾国即文献记载中的"汉东之国随为大"之随国，曾、随为一国异名之说。大致与此同时，石泉也发表《古代曾国—随国地望初探》一文，从历史地理的角度提出更多的证据来主张曾随合一说。

　　此说提出后，在学术界引起很大反响，学者纷纷对曾、随关系提出自己的见解，开始了学术界对曾、随有关系的长期探索。1979年4月，随县城郊义地岗季氏梁春秋墓葬出土了两件铜戈，其铭文分别为"穆侯之子，西宫之孙，曾大工尹季怡之用"，"周王孙季怡孔臧元武元用戈"，李学勤认为这是曾即随的又一有力证据，发表《论汉淮间的春秋青铜器·再论曾国之谜》和《续论曾国之谜》，对"曾国即随国说"又作了进一步的申述。

　　此后，学界对于曾随之谜问题展开了热烈的讨论。刘彬徽、何浩等学者赞同李学勤的观点，并从各个不同的方面对曾、随为一国异名说作了进一步的补充论证。但杨宽、钱林书等学者反对"曾即是随"说，认为曾国"早在西周时代就已和随国同时并存，因此曾国决不可能就是随国"。所有出土的曾国铜器铭文都称"曾"，所有的文献记载都称"随"，"丝毫看不出其中有一国两名的关系"。如果随果真是曾国的话，文献不可能不提及；如果随在春秋时改名为曾，文献也会有所记载。曾国就是文献记载的"缯"或"鄫"。也有学者对曾随关系提出另外的见解，或认为在公元前704年楚武王伐随时，姬姓曾国已归顺楚人，而后楚人为了控制与弱化随国，将曾国北移至随国境内，随州成为曾国的都城。于豪亮则提出随灭曾，延姬姓宗嗣之说，认为随灭了曾，并迁都于曾的国都——也许就是西阳，因而自称为"曾"。顾铁符则主张曾灭随，据其国土之说，认为姒姓曾国以楚国为后台，颠覆了随国并取而代之。徐杨杰先认为早期曾国已被楚国所灭，楚灭随之后，又在随的地方分封曾国。由于此时各方的证据都不充分，形成了多种观点并存的局面。

　　2010年以后，沉寂多年的研究因为一处偶然发现而打破。2011年，湖北省文物考古研究所对湖北随州叶家山墓地进行了第一阶段的发掘工作，发现墓葬65座，车马坑1个。出土陶、铜、瓷、玉石、漆木等各类质地器物739件，其中青铜器达325件，多数青铜器上有铭文"曾侯"和"曾侯谏"铭文，总字量达400字。2013年，叶家山墓地再次进行了考古发掘，此次发掘的 111 号墓出土了一件青铜方座簋，其上铸有"犺作烈考南公宝尊彝"铭文，表明是曾国国君"犺"为亡父"南公"作器。"南"是犺的氏族称号，即"南宫"的简称，因此"南公"来自于南宫家族，而南宫家族为姬姓则是已知的。曾国是否为姬姓至此得到了确认。2014 年发表的一件曾侯與钟铭文记载曾侯與自称"余稷之玄孙"，稷即后稷，周人之始祖。此铭文可与早年随州季氏梁出土戈铭曾穆侯之子、西宫之孙季怡又称"周王孙季怡"的史实相印证，与叶家山墓地所代表的西周曾国及此前大批青铜器所体现的东周曾国一脉相承，前后相继，表明曾国为周王室支系所封，属姬姓宗亲。至此，曾国的族姓问题得到了完美的解决。

湖北省文物考古研究所在《江汉考古》2014 年第 4 期上发表了 2009 年抢救性发掘的随州文峰塔 M1 的资料，曾随之谜又出现了重大的突破。此墓墓主为春秋晚期的曾国国君曾侯與，曾侯與钟铭文自叙其先祖曰"伯适上庸，左右文武，挞殷之命，抚定天下。王遣命南公，营宅汭土，君此淮夷，临有江夏"。表明伯适是因为辅佐周文王、武王伐商、革除殷命、安定天下有功而被分封于南土，统治淮夷，监领江汉。目前学界已普遍公认南公即商末周初的周室名臣南宫括。"伯适"证明了南公簋铭文中的"南公"就是南宫适（括），曾国国君是南宫适的后裔。南公簋与曾侯與编钟平息了西周早期曾国的族姓争论，证明了东周曾国与西周曾国是同一国家。

曾侯與钟铭文还讲述了吴师入郢，楚国惨败，而曾侯亲自帅师建功，挽救了楚国命运并重新安定了楚王之位的史事。相关史事在《左传》《史记》等文献中有明确记载，吴师入郢之后楚昭王奔随，随人拒绝了吴国要求，保护了楚昭王并帮助楚昭王复国。另在清华简《系年》中也明确记载"昭王归随，与吴人战于析。吴王子晨将起祸于吴，吴王阖庐乃归，昭王焉复邦"。与《左传》《史记》所载大同小异。由此可证文献记载中的随国即铜器铭文中的曾国。

2019 年，随州枣树林墓地发现了多组曾侯及其夫人墓。M169 出土的不少铜器上都有铭文"随仲嬭加"。其中，铜缶的铭文内容是记载楚王为"随仲嬭加"出嫁制作媵器；而该墓编钟上的铭文清晰记载嬭加所嫁之国就是曾国，则"随仲嬭加"这一称谓中作为国名的"随"就是曾国。M191 出土的一件铜鼎，铭文中有"唐侯赠随侯行鼎"的内容，是唐国国君在随国国君去世之后，根据礼制为其专门制作的，这件铜器在曾国墓葬中出土，也证明了"随"就是曾。

此外还有更多证据在讨论进程中被发现。如 2011 年湖北省博物馆征集回的随仲嬭加鼎，后来的考古发掘证实该器物应该是从随州枣树林墓地 M169 盗出的，嬭加的丈夫为曾侯宝。2012 年在随州文峰塔 M21 曾孙邵墓中发现"随大司马乺有之行戈"。这是经科学发掘出土的第一件随国铜器，出于曾国墓葬中，为曾即随说增添了又一重要证据。

目前学术界普遍认为曾侯與编钟的出土基本可以确定曾随是一个国家、曾随一国二名、曾即随，曾随之谜至此得到圆满解决。

**【进阶篇目】**

1. 李学勤：《曾国之谜》，《光明日报》1978 年 10 月 4 日。收入氏著《新出青铜器研究》，人民美术出版社，2016 年。

2. 石泉：《古代曾国—随国地望初探》，《武汉大学学报》（社科版）1979 年第 1 期；收入《古代荆楚地理新探》，武汉大学出版社，1988 年。

3. 曹锦炎：《"曾"、"随"二国的证据——论新发现的随仲嬭加鼎》，《江汉考古》2011 第 4 期，第 67—70 页。

4. 张昌平：《随仲嬭加鼎的时代特征及其他》，《江汉考古》2011 第 4 期，第 71—76 页。

5. 高成林：《随仲嬭加鼎浅议》，《江汉考古》2012 年第 1 期。

6. 黄锦前：《随仲嬭加鼎补说》，《江汉考古》2012 年第 2 期。

7. 李学勤：《新见楚王鼎与"曾国之谜"》，《青铜器入门》，商务印书馆，2013 年。

8. 苏昕、翁蓓：《试论随仲嬭加鼎反映的等级身份》，《江汉考古》2017 年第 4 期。

9. 张昌平：《曾随之谜再检视》，《中国国家博物馆馆刊》2015 年第 11 期。

10. 黄凤春：《破解"曾国"和"随国"之谜》，《大众考古》2014 年第 7 期。

11. 张天宇：《考古发掘与金文考释探索"曾随之谜"》，《光明日报》2023 年 1 月 15 日。

# 33.周王孙季怠戈（附曾大工尹季怠戈）[1]

【图版】

反面

正面

【释文】

周王孙季怠[2]，孔臧（壮）元武[3]，元用戈。

【著录】

《文物》1980 年第 1 期；《集成》11309；《曾青》第 317—318 页

**【注释】**

〔1〕1979 年出土于湖北省随州市义地岗季氏梁墓，现藏随州市博物馆。

〔2〕季，排行。怠，人名。

〔3〕臧，金文中多用作"壮"。如曾侯與钟"臧武畏忌"、曾子斿鼎（《集成》2757）"臧武集功"。孔臧元武，形容健壮勇武。与曾伯桼壶"孔武"、曾伯桼簠"元武"可以互参。

# 附：曾大工尹季怠戈 [1]

**【图版】**

**【释文】**

穆侯之子[2]，西宫之孙[3]，曾大工尹[4]，季怠之用。

**【著录】**

《文物》1980年第1期；《集成》11365；《曾青》第319—320页；《礼乐汉东》第188页

**【注释】**

〔1〕1979年出土于湖北省随州市义地岗季氏梁墓，现藏随州市博物馆。

〔2〕穆，谥号。穆侯应为季怠之父，身份为一代曾侯。

〔3〕西宫，指周文王。

〔4〕大工尹，工官之长。《左传·文公十年》："王使为工尹。"杜预注："掌百工之官。"楚国也有"工尹"。《左传·昭公二十七年》："（楚）左尹郤宛、工尹寿帅师至于潜，吴师不能退。"

**【延展阅读】**

**1. 金文中的"报家门"**

周代青铜器铭文中有一类格式作"A之孙，B之子"的称谓方式，时常用作做器人自报家门的表述。如本篇铭文的"穆侯之子，西宫之孙，曾大工尹"，嬭加编钟铭文中的"余文王之孙，穆之元子"。据不完全统计，还有如下例子：

（1）齐辟鲍叔之孙，侎仲之子　　　　侎钟，中国国家博物馆藏

（2）郑武公之孙，楚王之士　　　　封子楚簠，中国国家博物馆藏

（3）郑臧公之孙，余刺之子

　　　　　　　　郑臧公之孙鼎，襄阳团山墓地出土

（4）郑武公之孙，圣伯之子良夫　　　　良夫盘，私人收藏

（5）余毕公之孙，邵伯之子　　　　邵黛编钟，上海博物馆藏

（6）宣王之孙，雍子之子　　　　　东姬匜，淅川县下寺墓地出土

（7）殷王之孙，右师之子　　　　　　　　　　　　　庚壶

（8）卫侯之孙，绅子之子　　　　　陶寺北墓地出土编钟

（9）舒王之孙，寻楚歔之子　　　　甚六钟，丹徒出土

（10）余厥于之孙，钟离公柏之季子　康镈，卞庄村出土

（11）滕师公之孙，香叔之子　　　　者儿戈，上海博物馆藏

　　陈伟在讨论黥钟铭文时指出春秋金文多见"××之孙"或"××孙"的说法，××是某国、某族的远祖；"孙"则是一种虚指。冯峰在讨论伙钟时也提到作器者往往通过"A之孙"的表述"举其显赫之祖先和其父，而省略包括祖父在内的其他祖先"。这种自报家门的方法颇近于人类学当中"焦点祖先"的观念，罗泰（Lothar von Falkenhausen）在分析西周宗族分化时就使用了这个概念。铭文罗列的先祖可以归为两大类："近代祖先"，以及更为久远的"焦点祖先"。"近代祖先"主要包括献器者的父亲和祖父（西周铭文极少超出这个范畴）；而"焦点祖先"则包括献器者所属干系（大宗）和支系（小宗）的始祖。也就是当一个宗族经过多年的经营和多次分化之后，宗族分支的后代在追溯自己出身时往往会追溯到某一位在家族史上颇有功勋和地位的祖先。

　　"A之孙，B之子"式自报家门是周代宗法制度标榜世系和血统的直观体现。这种称谓习惯主要见于春秋到战国早期的青铜器铭文，也可以在一些《诗经》的篇章中找到其踪迹。"A之孙，B之子"既可以用来实指父、祖和近代的祖先，也可以在"A之孙"的部分追溯某位对家族世系至关重要的远祖，一般这位远祖是小宗分立时的始祖，从而我们也能根据这种称谓方式去推断某些宗族形成和分立的情况。

**【进阶篇目】**

1. 陈伟：《同盟中的诸侯——关于黢钟铭文的一些推测》，《燕说集》，商务印书馆，2011年，第132页。

2. 冯峰：《鲍子鼎与鲍子镈》，《中国国家博物馆馆刊》2014年第7期。

3. 〔美〕罗泰著，吴长青、张莉、彭鹏等译：《宗子维城：从考古材料的角度看公元前1000至前250年的中国社会》，上海古籍出版社，2017年，第67页。

4. 金方廷：《"某之孙、某之子"——谈周代青铜器铭文中一种特殊的称谓方式》，《国学学刊》2019年第3期。

# 34. 曾侯膡钟 [1]

【图版】

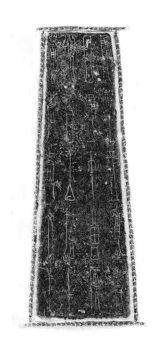

M1：1 正面钲部（左拓本，右铭文摹本）

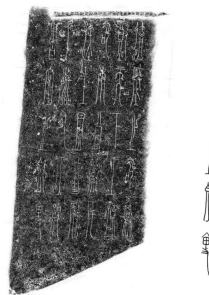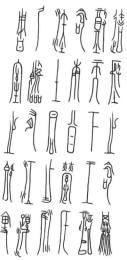

M1：1 正面左鼓（左拓本，右铭文摹本）

**M1：1 背面右鼓（左拓本，右铭文摹本）**

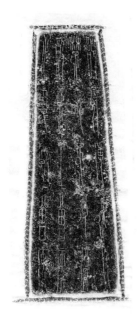

**M1：1 背面钲部（左拓本，右铭文摹本）**

M1∶1背面左鼓（左拓本，右铭文摹本）

M1∶1正面右鼓（左拓本，右铭文摹本）

【释文】

佳（唯）王正月，吉

日甲午[2]，曾侯

臾曰[3]：白（伯）篶（括）上

曾（庸）[4]，歪（左）砮（右）文武[5]，

M1：1 正面钲部

达（挞）壁（殷）之命[6]，罴（抚）

叡（定）天下[7]。王譴（噬）

命南公[8]，鹭（营）宅

塗（汭）土[9]，君此淮

尸（夷）[10]，鼬（临）有江瀬（夏）[11]。

周室之既庳（卑）[12]，

M1：1 正面左鼓

歔（吾）用燮諫（就）楚[13]，

吴恃有众庶[14]，

行乱，西政（征），南

伐，乃加于楚[15]，

剳（荆）邦既爑[16]，而

天命牆（将）误[17]。有

懴（严）曾侯[18]，业业厥

M1：1 背面右鼓

謹（圣）[19]，亲塼（搏）武攻（功）[20]。

楚命是靴（静？）[21]，遐（复）

叡（定）楚王[22]，曾侯

之霾[23]。穆［穆］曾侯[24]，

M1：1 背面钲部

惑（壮）武悷（畏）諲（忌），共（恭）

盢（寅）斋祟（盟）[25]，代武

之堵〔26〕，怀燮四

旁（方）〔27〕。余𤔲（申）圉（固）楚

成〔28〕，改遆（复）曾疆〔29〕。

择辥吉金，自

酓（作）宗彝，龢钟

M1：1 背面左鼓

鸣敓（皇）〔30〕，用考（孝）台（以）

言（享）于辥皇昌（祖），

以蘉（祈）釁（眉）𦡶（寿）大

命之长，期（其）肫（纯）

譓（德）降舍（余）〔31〕，万𥢔（世）

是惝（尚）。

M1：1 正面右鼓

## 【著录】

《江汉考古》2014 年第 4 期；《龢钟鸣凰》

## 【注释】

〔1〕2009 年出土于随州文峰塔墓地 M1，因墓葬被盗，原整套编钟数量不明，大致能分辨出 10 个个体，现存大致完整编钟 8 件。现藏随州市博物馆。

〔2〕唯王正月，即建子的周正正月。据钟铭后半记载吴国伐楚入郢（公元前 506 年）一事，结合张培瑜《中国先秦史历表》，年代可定为公元前 497 年。一说"正"字为"五"字。

〔3〕曾侯䑏，同墓所出鬲铭径作"與"。亦见于曾侯乙墓所出尊盘、上蔡郭庄楚墓等，传世器另见有曾子遇，字从辵作𧾷，与此稍有不同。目前多数学者倾向于认为曾侯䑏为曾侯乙之祖父。

〔4〕簉，读作"括"。"伯适"即见于《论语·微子》的"伯适"，《尚书·君奭》作"南宫括"。旅顺博物馆藏伯适方鼎（《集成》

203

2190）为西周早期器物。作器者为伯趚，或与此伯括为同一人。置，从"啚"从"甬"从"口"，读为庸，与《尚书·尧典》的"登庸"、《舜典》的"征庸"同义，都是为君上录用的意思。一说该字从𡥀，从啻，为"帝"字繁构。

〔5〕左右，帮助、辅佐之意。《易·泰》："辅相天地之宜，以左右民。"孔颖达疏："左右，助也，以助养其人也。"左右文武，即辅佐文王、武王。蔡侯申钟（《集成》210—222）"左右楚王"、晋公盎（《集成》10342）有"左右武王"，并可参。

〔6〕达，读为挞，《诗经·商颂·殷武》："挞彼殷武，奋伐荆楚。"毛传："挞，疾意也。"《尚书·顾命》："用克达殷集大命。"逨盘、史墙盘均有"达殷"可参。

〔7〕𢎛𢾷，读为抚定，即安抚平定。《史记·韩信卢绾列传》："故立韩诸公子横阳君成为韩王，欲以抚定韩故地。"

〔8〕遣，读作噬或逝。"公"字与常见的"公"字相比，多出两横画，当是羡画，下文四字也多出两横，可参。"南公"亦见于西周早期的大盂鼎、西周晚期南宫乎钟等器，即上文的"伯适"。

〔9〕鎣，从縈从心，读为"营"，营建之意。秦公簋（《集成》4315）有"鼏（宓）宅禹责（迹）"，晋公盘有"建宅京师"，并可参。堲，读为"汭"。指河流会合或弯曲的地方。《尚书·禹贡》："东过洛汭。"孔传："洛汭，洛入河处。"一说释为"沃土"。

〔10〕此，战国楚简"此"字形体多变化，铭文该字与郭店《缁衣》14号简▨字写法相近。君此淮夷，意思是说南公受命统治淮夷地区。一说字从匕，读为"庀"，训为治理。

〔11〕𦥑，读为临，可表示地理位置的临近关系。不过临也有监视、监临之意，可引申为统治、治理。《诗经·大雅·大明》："上帝临女，无贰尔心。"《左传·宣公七年》："冬，盟于黑壤。王叔桓公临之，以谋不睦。"杜预注："王叔桓公，周卿士，衔天子之命以监临诸侯。"《国语·晋语五》："临长晋国者，非女其谁？"韦

昭注："临，监也。"江夏，分别指代长江和夏水，大致区域即今长江中游的江汉地区。临有江夏，意为统治江汉地区。

〔12〕庳，读为卑，衰微。《左传·昭公三年》："公室将卑，其宗族枝叶先落。"《国语·周语上》："王室其将卑乎！"韦昭注："卑，微也。""周室之既卑"，此类说法屡见于春秋人语。如银雀山汉墓竹简《晏子·十五》有"周室之卑"一词。

〔13〕燮，意为和顺、协和、调和。《尚书·洪范》："燮友柔克。"孔传："燮，和也。世和顺，以柔能治之。"《诗经·大雅·大明》："燮伐大商。"毛传："燮，和也。"郑玄笺："使协和伐殷之事。"可参。諏，读为"就"，归依、屈就之义。《玉篇·京部》："就，从也。"

〔14〕众庶，即众民、百姓。《尚书·汤誓》："格尔众庶，悉听朕言。"《韩非子·问田》："立法术，设度数，所以利民萌，便众庶之道也。"

〔15〕东周以来，吴楚互有攻伐。铭文记载吴人伐楚进军路线为"西政（征），南伐，乃加于楚"，《左传·定公四年》载："冬，蔡侯、吴子、唐侯伐楚，舍舟于淮汭，自豫章与楚夹汉。"吴师的行军路线先是溯淮西进，然后舍舟南下，恰好与铭文记载相合，因而此战当是公元前506年吴师入郢之事。

〔16〕爝，从爵从火，读为"削"，壤地削弱之义。

〔17〕古以君权为神授，统治者自称受命于天，谓之天命。《左传·宣公三年》："周德虽衰，天命未改，鼎之轻重，未可问也。"蔡侯申钟（《集成》210—222）"天命是遄"，可参。

〔18〕懴，从心从严，读为严。有严，威严、严肃之意。《诗·小雅·六月》："有严有翼，共武之服。"毛传："严，威严也。王孙诰钟："有严穆穆，敬事楚王。"可参。

〔19〕"虋"字与见于癲钟、秦公镈（簋）、九年卫鼎的"虋"字（𧮫、𧮫、𧮫、𧮫，中间或从大或从去）近似，暂释作"虋"，读作

业。字下有重文符号。业业，高大雄壮貌。《诗经·大雅·常武》：
"赫赫业业。"《小雅·采薇》："戎车既驾，四牡业业。"毛传：
"业业然，壮也。"高亨注："业业，高大貌。"《大雅·烝民》：
"仲山甫出祖，四牡业业。"毛传："业业，言高大也。"譶，读为
圣，聪明睿智。"业业厥圣"是对曾侯聪明睿智的高度褒誉。

〔20〕亲，亲自。博，读为搏，搏战之意。武攻，即武功。王
孙诰钟（《集成》51）有"武于戎攻（功）"，虢季子白盘（《集成》
10173）有"庄武于戎工（功）"，配儿句镈（《集成》427）"庄于戎
攻（功）且武"，戎桓镈（《集成》34）"戎桓搏武"，并可参。亲博
武攻，意思是说曾侯亲自搏战，勇武而有功。

〔21〕靰，从争从尤，疑读为静（或靖），安定之意。与上文
"天命将误"相呼应。

〔22〕楚王指楚昭王，復敳（定）楚王，是指郢都陷落后，楚昭
王奔随（即曾），得以保全楚人宗庙社稷一事。

〔23〕霝，"灵"字异体。训为福、佑。《左传·隐公三年》：
"若以大夫之灵，得保首领以没，先君若问与夷，其将何辞以对？"
同书昭公七年："今君若步玉趾，辱见寡君，宠灵楚国。"《经义述
闻·〈春秋左传〉下》"宠灵"条王引之云：《广雅》曰：'灵，福
也。'言宠楚国而赐之以福也。凡《传》称以君之灵、以大夫之灵者，
灵皆谓福也。"此句意思是楚王得以光复社稷，皆为曾侯之福佑。

〔24〕"穆"字下疑脱重文符号。穆穆，肃穆恭敬之意。"穆穆曾
侯"一语也见于文峰塔 M4 出土曾侯钟。

〔25〕该句常见于春秋金文，悷誋，读为畏忌，即畏惧顾忌。
《诗经·大雅·桑柔》："匪言不能，胡斯畏忌。"高亨注："畏
忌，畏惧顾忌。"共，读为恭。《说文》："恭，肃也。"肃敬，有
礼貌。《论语·颜渊》："君子敬而无失，与人恭而有礼，四海之
内，皆兄弟也。"寅，读为寅，《尔雅·释诂》："寅，敬也。"《尚
书·无逸》："严恭寅畏天命自度"。金文或作"夤"。秦公簋（《集

成》4315）"严恭寅天命"，邾公钟（《集成》149—152）"毕龏威（畏）忌"，配儿句鑃"郫（毕）龏威（畏）㜻（忌）"，皆可参。斋累（盟），斋戒盟誓，王子午鼎（《集成》2811）作"盟祀"。这里是说曾侯对曾楚之盟誓毕恭毕敬，存有畏忌之心。

〔26〕代武之堵，意思与嬭加编钟"帅禹之堵（堵）"近似。

〔27〕四旁，即四方。怀燮，金文亦作"釂（柔）燮""昔（协）燮"。秦公镈（《集成》270）有"釂（柔）燮百邦"，晋公盞（《集成》10342）"珇（柔）燮万邦"，晋公盘作"昔（协）燮万邦"，并可参。怀燮四方意味着四方得以安定和谐。

〔28〕圂，金文多见，大致有读"绍"、读"就"和读"固"三种意见。李学勤根据新出徐楼村宋公鼎铭文，将此字对读为"固"。宋公鼎铭文中作器者自称"宋公圂"。李学勤指出："徐楼村鼎铭的宋公圂，以通假求之，无疑是宋平公的上一代共公，《左传》记他名固，《史记·宋世家》则说名瑕。"李先生认为金文"申圂大命"的"圂"，也应当读作"固"。他认为："貑"应读"固"，训为安定，可参看《诗经·皇矣》"天立厥配，受命既固"及《尚书·君奭》"今汝永念，则有固命"。于是此字读为"固"，基本已经成为定论。胡簋"申圂皇帝大鲁命"，毛公鼎"用仰绍皇天，申圂大命"，裘锡圭曾指出："据文义推测，'申圂'，似有巩固一类意思……""《左传·宣公十六年》有'以事神人而申固其命'之语，《国语·楚语下》有'……亿其上下，以申固其姓'之语。有可能'申圂'就与'申固'同义。"成，即和解、媾和。《诗经·大雅·绵》："虞芮质厥成，文王蹶厥生。"毛传："成，平也。"孔颖达疏："言由诣文王而得成其和平也。"《左传·桓公六年》："楚武王侵随，使薳章求成焉，军于瑕以待之。"申固楚成，大意是说曾与楚达成和解，同盟关系进一步巩固。

〔29〕改复曾疆，即重新光复曾国的疆土。

〔30〕軉，字稍残泐，M1∶2对应文字作歉，左边均从皇，右

边一从允，一从欠，疑为"皝"之坏字，读为皇。《尔雅·释诂》："皇皇，美也。"这里是形容钟的音色美丽响亮。徐王子旃钟（《集成》182）"元鸣孔皇"、蔡侯申钟（《集成》210—222）"元鸣无期"、蔡侯墓残钟（《集成》224）"振鸣且奋"、楚大师登钟"和鸣且皇"，并可参。

〔31〕期，M1∶2 对应文字作其。纯德即纯粹的德行。《国语·郑语》："建九纪以立纯德，合十数以训百体。"韦昭注："纯，纯一不驳也。"《淮南子·原道训》："穆忞隐闵，纯德独存。"高诱注："纯，不杂糅也。"令狐君嗣子壶（《集成》9719、9720）有"承受屯（纯）德"、中山王方壶（《集成》9735）有"纯德遗训"，并可参。纯德降余，即降余纯德，指赐予恩宠。史墙盘"降懿德大甹（屏）"，可参。

## 【延展阅读】

### 1. 曾侯舆铜器的出土

文峰塔 M1 是配合工程建设抢救性发掘的墓葬。墓葬在施工中遭到严重破坏，几乎只剩下墓底，墓葬开口情况不明，墓底长 7.1 米、宽 5.9 米。清理过程中发现有铁臿一件，其特征为战国至汉代铁器，这种铁工具过去较多发现于墓葬的盗洞中，因此考古工作者推测墓葬有可能在古代就被盗掘过，发掘前又遭到严重盗扰。该墓葬出土青铜器组合不完整，但是出土编钟与多件铜器铭文显示墓主人为曾侯舆。

曾侯舆的墓葬虽然发现较晚，但是曾侯舆的铜器却早有发现，其中最为著名的一件为出土于曾侯乙墓的尊盘。这件尊盘由一尊一盘组成，出土时尊置于盘中。

尊盘是先秦时期青铜铸造工艺的优秀范例，整体共由 72 个部件组成，集失蜡法和浑铸、分铸、焊接等多种工艺为一体。尊与盘通身饰的立体镂空蟠虺纹，纹饰极尽繁复。尊体饰龙 28 条、蟠螭 32

条，盘体饰龙56条、蟠螭48条。其中，尊的颈部攀附四只反首吐舌、向上爬行的豹，豹身以镂空的龙蛇装饰。盘的四个抓手也是由众多龙蛇组成镂空花纹，盘足为四条圆雕双身龙，龙口咬住盘的口沿，造型别致。最令人叹为观止的是，尊的口沿处由无数条龙蛇组成镂空花纹，它们相互盘旋环绕，宛如游浮在器物表面。这些鬼斧神工的透空附饰层层堆叠，表层彼此独立，互不相连，仅靠内层铜梗分层联结，参差错落，玲珑剔透，观赏性极强。

尊、盘均有铭文。其中尊铭刻文为"曾侯乙作持用终"。盘铭位于内底，仔细辨别可知第一次为铸铭"曾侯舆之尊盘"六字，后将第三字刮削，改刻为"乙"字，将"之"字加刻笔画变为"持"字，并在其上加刻"作"字，将"尊盘"二字刮削，相应位置改刻为"用终"。这样就将铭文变成了"曾侯乙作持用终"。根据研究，现在一般认为曾侯舆为曾侯乙的祖父，曾侯乙之所以将爷爷的器物据为己有，可能是因为他对这件器物极度喜爱。

曾侯乙尊盘

209

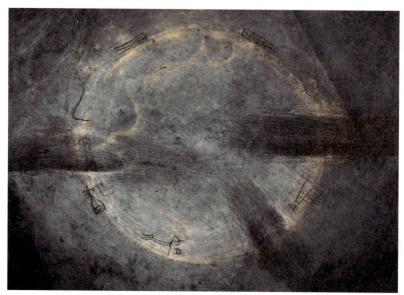

曾侯乙盘铭

此外，还有几件自名为"曾子遡"的器物，其中一件收藏在苏州市博物馆，曾子遡簠（《集成》4489），出土时地不详，铭文为"曾子遡之行簠"。另有两件只见拓片、器形不详的"曾子遡"器（《集成》4488；《集成》9996）。有学者指出其铭文写法与曾侯遡接近，称"子"可能是未即位为曾侯时所作的器物。

苏博藏曾子舆簠

【进阶篇目】

1. 李学勤：《曾侯膡（與）编钟铭文前半释读》，《江汉考古》2014 年第 4 期。

2. 凡国栋：《曾侯與编钟铭文柬释》，《江汉考古》2014 年第 4 期。

3. 李天虹：《曾侯膡（與）编钟铭文补说》，《江汉考古》2014 年第 4 期。

4. 李零：《文峰塔 M1 出土钟铭补释》，《江汉考古》2015 年第 1 期。

5. 陈伟：《曾侯膡编钟“汭土”试说》，《江汉考古》2015 年第 1 期。

6. 董珊：《随州文峰塔 M1 出土三种曾侯與编钟铭文考释》，复旦大学出土文献与古文字研究中心网站，2014 年 10 月 4 日。

7. 章水根：《曾侯與编钟“就”字及其反映的曾楚关系》，《黄河文明与可持续发展》（第 11 辑），2015 年 12 月。

8. 王泽文：《文峰塔 M1 出土曾侯與钟铭的初步研究》，《江汉考古》2015 年第 6 期。

9. 何景成：《释曾侯與编钟铭文中的“堂”》，《出土文献》（第六辑），中西书局，2015 年 4 月。

10. 黄益飞：《曾侯膡钟铭文研究》，《南方文物》2015 年第 4 期。

11. 黄杰：《随州文峰塔曾侯與编钟铭文补释》，《中国文字》（新 42 期），艺文印书馆，2016 年。

12. 王恩田：《曾侯与编钟与曾国始封——兼论叶家山西周曾国墓地复原》，《江汉考古》2016 年第 2 期。

13. 苏建洲：《随州文峰塔曾侯與墓编钟铭文“闞”字补说》，《简帛》（第十二辑），上海古籍出版社，2016 年 5 月。

14. 魏栋：《随州文峰塔曾侯與墓 A 组编钟铭文拾遗》，《中国国家博物馆馆刊》2016 年第 9 期。

15. 黄锦前：《曾侯與编钟铭文读释》,《中国国家博物馆馆刊》2017 年第 3 期。

16 袁金平：《曾侯與编钟铭"遣命南公"补议》,《中国文字学报》(第九辑)，商务印书馆，2018 年。

17. 鄢国盛：《曾侯與编钟"君庇淮夷说"献疑》,《故宫博物院院刊》，2019 年第 12 期。

18. 连劭名：《〈曾侯與钟〉铭文与传统思想》,《南方文物》2019 年第 3 期。

19. 徐少华：《曾侯與钟铭"君庇淮夷，临有江夏"解析》,《中国史研究》，2020 年第 2 期。

# 35.随大司马戈[1]

【图版】

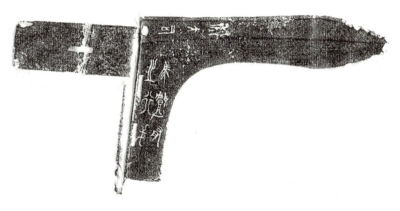

【释文】

随[2]大司
马[3]劳有[4]
之行戈。

**【著录】**

《江汉考古》2013 年第 1 期;《考古》2014 年第 7 期

**【注释】**

〔1〕2009 年出土于湖北省随州市义地岗墓群文峰塔墓地（M21：1），现藏随州市博物馆。

〔2〕随，曾国都城名。

〔3〕大司马，执掌军事的武官。

〔4〕虏有，人名。"虏"字释读意见分歧较大。详下文。

**【延展阅读】**

**1. 释虏**

戈铭中作为器主人名的首字作█（█）形。发掘报告释作"嘉"。网络上讨论意见也不少。如"潘灯"认为"器主之名首字左部似'虏'，右部不像是'犬'，而更像'嘉'字右部之省'口'"。"苦行僧"（刘云）认为"器主之名首字似为'虏'字"。"佑仁"（高佑仁）认为形体可分析成虍、豆、爪、力几个偏旁。黄锦前认为该形不是"虏"而是"嘉"字。罗运环详细地检讨诸说，认为释"献""虏""嘉"诸说均不确，而应当隶定作"勮"，为"戏"字异体。《铭图续》同意罗说，在备注中云"有人释为'嘉'"。

影响较大的释"嘉""献""戏"诸说均不确。从形体上看，█形右面从力（加有饰笔"爪"形），左上部从虍，下部与楚文字中"尹"旁略近似。通过比较不难发现，此形与"嘉"字区别明显。"嘉"字典型形体如下：

《集成》3903　　《集成》261　　《集成》102

其主要特征是左上部写成类形体，该旁偶有一些变化，但没有写成与"虍"形相近者。"嘉"字中间所从像"豆"旁，下部是有横画的，而戈铭显然没有，且正如学者所指出，"嘉"从加得声，而戈铭下部从力，并不从加，所以释"嘉"说并不可从。

也有学者相信释"献"的观点，然而戈铭右面不从犬，该说难通。

至于隶定成"勮"括注成"戏"，也不准确，因为戈铭"虍"旁下面形体不是"豆"旁，且"戏"字正常形体从戈，并不从力，认为两者属于意符替换也失之于宽。

释"虏"的观点是正确的。目前所见的"虏（虜）"字可分为两类，其形体如下：

发孙虏簋　　发孙虏鼎盖　　《楚居》简 12

吴王阖庐剑　　《系年》简 84　　《系年》简 110　　《新蔡》甲一 15

第一类形体下部从力，上部所从为"卢（盧）"形（详后文），在形体中为声符。第二类形体从力、虎声，"卢（盧）"字上部的"虍"也是声符，故"虏"字第二类形体可看作第一类形体的简省。以戈铭与上录两类形体相比，显然与第一类形体相近，两者都从虍，中间部分颇为一致，下部都从力，只是形中"力"旁加有一个爪形，而古文字中"力"旁常常增加美符"爪"，这是古文字学者所熟知的，上面提及的几位学者也都一致认为该形为"力"旁，所以形应该与上录第一类形体相同，都应释为"虏"。

以往释"虏"说之所以不被认同，主要是对"虏"字构形认识不清。上引黄锦前、罗运环文章也曾注意到戈铭与发孙虏器中𪘂类形体相近，但黄锦前不仅将戈铭释为"嘉"，还认为发孙虏器中𪘂类形体可能也是"嘉"字；而罗运环注意到《说文》分析"虏（虏）"字"从毌、从力，虍声"，而戈铭𪘂中间并不从"毌（贯）"，故不得释为"虏"。其实，《说文》对"虏"字的分析并不可信。程鹏万曾在一篇未刊稿中释出西周金文中的"虏"字，对"虏"字的认识极有帮助。十五年趩曹鼎铭文中有 形（《集成》2784），以往都误释为"卢（盧）""九"二字，程鹏万据该形的清晰照片，下部为"力"形，从而认为该形为一个字，当释作"虏"，并将"虏"字分析成"从力，盧声"。此说可信，可见"虏"字并不从毌（贯），而是从卢（盧）。"卢（盧）"字见于甲骨文中：

《合集》33187    《合集》32350    《合集》28095

《合集》12800    《合集》22210    《合集》19957

其中第一类写法最早是由郭沫若据金文"射庐"之"庐"字写法释出，认为形体下部为鑪形，上从虍声。于省吾在此基础上将第二类形体释作"卢（盧）"，并认为该形是"鑪"的象形初文，上像鑪身，下为款足。所释可从，趩曹鼎铭文"虏"字上部与上录第一类"鑪"字写法相同。这类形体的特点是"鑪"的足部作燕尾形，并不封口，而戈铭𪘂形虎头下部形体也不封口，其显然是承袭"鑪"字早期写法而来，以往将该形隶定作"勮"，将下面当成"豆"是不可信的。仅就戈铭中间不封口的特征来看，将其释为"虏"也是有

216

依据的，且还有虍旁、力旁及相互位置关系限制，释其为"虏"应该是可信的。

"虏"字相关形体演变概括如下：

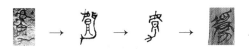

其形体的主要变化体现在"鑪"足部分，本来款足呈燕尾状，后来足部逐渐变细，与一般竖画无异，随大司马戈铭中尚属过渡形态，至发孙虏器及《楚居》中形体，便与"尹"旁相同了。

**【进阶篇目】**

1. 黄锦前：《随州新出随大司马𧰨有戈小议》，《江汉考古》2013 年第 1 期。

2. 罗运环：《随大司马𧰨有之行戈"𧰨"字考辨》，《江汉考古》2013 年第 1 期。

3. 李春桃：《随大司马戈铭补考》，《出土文献研究》（第十九辑），中西书局，2020 年。

# 36. 曾侯钟〔1〕

【图版】

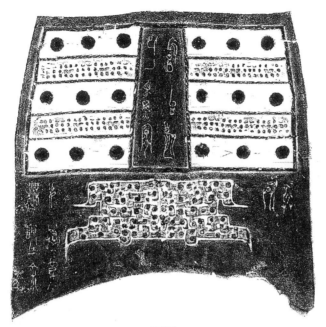

正面

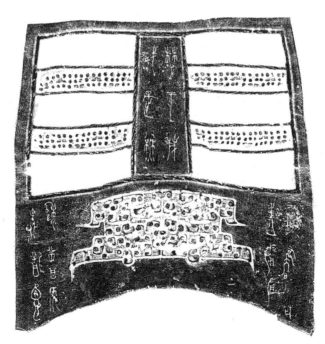

背面

## 【释文】

……酓（命），台（以）忧

此鳏寡[2]，

绥褱（怀）[3]皮（彼）

无呢（？），余

旳（徇）乔（骄）臧（壮）

武[4]，差（左）左〈右〉

楚王[5]，弗

戗（讨）是羃（抚）[6]，

穆穆曾侯，

悢（畏）记（忌）愠（温）

龔（恭），

□□□□□

## 【著录】

《江汉考古》2015年第1期；《礼乐汉东》第182页；《华章重现》第256—257页

## 【注释】

〔1〕2011年出土于湖北省随州市义地岗墓群文峰塔墓地（M4：016），现藏随州市博物馆。

〔2〕鳏寡，老而无妻或无夫的人，引申指老弱孤苦者。《诗经·小雅·鸿雁》："爰及矜人，哀此鳏寡。"毛传："老无妻曰鳏，偏丧曰寡。"以闵鳏寡孤独为忧，意思是受命治理国家。《尚书》中有文王"不侮鳏寡"，古书中常引作"文王发政先鳏寡孤独"之语，可以与此参照。

〔3〕绥下一字，原篆作（褱），字形残泐，从轮廓看与金文常见的"褱"字如（《集成》4341）、（《集成》10175）接近，曾侯

與钟中亦有"裏"字，作█（█）（《铭图续》1029）。绥怀，晋姜鼎作"绥怀远迩"。

〔4〕徇骄，形容人机敏健壮。《说文》"徇，疾也"，《墨子·公孟》有"思虑徇通"，《史记·五帝本纪》有"幼而徇齐"，皆是敏捷迅速之意。《诗经·卫风·硕人》"四牡有骄"，毛传训骄作"壮貌"。

〔5〕左右，辅佐之意。原篆分别作█、█，"左"写作"差"曾文字习见，如曾侯與钟之█（█），曾侯乙7号简之█；"右"字涉上误作"左"形。

〔6〕弗戬是黑，读作"弗讨是抚"，意思是不用讨伐而是安抚于我。

## 【延展阅读】
### 1. 从"左右文武"到"左右楚王"

"左右文武"和"左右楚王"均见于曾国的铜器铭文。前者见于曾侯與钟，后者见于文峰塔M4出土铜钟。曾公睐钟曰"丕显高祖，克仇匹周之文武。淑淑伯括，小心有德。召事上帝，遹怀多福。佐佑有周"，曾侯與钟说"伯括上帝，佐佑文武"。结合叶家山墓地出土南公簋铭文，曾国始祖为南宫适，是辅佐周文王、周武王的重臣。西周早期，曾国作为周王朝嫡系势力，承担着"克狄淮夷"的使命，及保持南方"金道锡行"畅通的责任。

文峰塔M4，有学者考证为曾侯郕墓，也有学者认为是曾侯昃墓，墓葬出土一件甬钟有"左右楚王"一语，表明在春秋早中期，随着楚人逐步强大，开始向北方称霸中原，面对楚国强大的军事攻势，曾国在春秋晚期不得不"左右楚王"，附庸于楚国。但是因为曾国在吴师入郢之战中有"复定楚王"之功，因此楚曾关系在战国以来处于十分微妙的平衡状态。楚人虽兵锋直指北方，但是仍能与曾国和平共存。曾国虽然为姬姓周人，但是囿于局势，不得不暂时隐忍，臣服于楚以求存。

【进阶篇目】

1. 吴超：《说曾侯钟铭的"弗戁是無"》，《江汉考古》2017 年第 2 期。

2. 孙启灿：《文峰塔 M4 曾侯钟铭文补正》，《江汉考古》2021 年第 1 期。

3. 方勤：《曾国历史与文化——从左右文武到左右楚王》，上海古籍出版社，2018 年。

# 37. 嬎盘〔1〕

【图版】

**【释文】**

隹（唯）曾八月[2]，吉日隹（唯）亥，余䢵君之元
女[3]，余周室□妇[4]，嬕[5]择其
吉金，自乍（作）澣（浣）盘，永保用之。

**【著录】**

《考古》2014 年第 7 期

**【注释】**

〔1〕2009 年湖北省随州市义地岗文峰塔墓地（M33：30），现藏
随州市博物馆。

〔2〕曾八月，与"唯邓八月初吉"（邓公簋，《集成》2643）、
"唯䣄八月初吉癸未"（䣄公平侯鼎，《集成》2772）相同，表明这
些诸侯国有自己的历法，并非使用周历。有学者认为采用的是夏历，
可从。

〔3〕■，从邑从太，可隶作䢵，有学者认为即上博简《成王为城
濮之行》中子玉治兵的芍地，亦即清华简《楚居》的"为郢"，在今
湖北宜城。䢵君，楚国封君。

〔4〕■■，两字均漫漶。上字下部可辨从一"又"，下字左侧偏
旁不太清晰，但右边所从与"妇"字近。疑可释为弃妇，即寡妇。

〔5〕嬕，人名。即 M33 墓主，也是作器者。"余䢵君之元女，余
周室□妇"，表明其身份是楚国封君"䢵君"的长女，因曾国与周人
同为姬姓，又因夫死寡居，故得自称周室弃妇。

**【延展阅读】**

**1. 积石墓**

文峰塔 M33 为中型墓，开口长 4.55 米、宽 4.4 米，填土中逐层
积石，总重约 1 吨。葬具为一椁二棺，椁室长 3.35 米，宽 2.15 米。
随葬器物主要放置于棺外边箱和足箱内，以铜器为主。出土的青铜

礼器有6件鼎（升鼎3件）、4件簋、4件鬲、3件缶（尊缶2件）、3件壶（方壶2件）、1件盉、1件盏、1件盘和1件匜，分三列放置在南侧椁室内。另有一件青铜方座器。从墓葬规格和随葬器物看，墓主人等级较高，可能属于卿大夫之配偶。

M33 出土器物

### 2. 青铜盘镂空耳的铸造

媵盘造型别致，为三兽面蹄足，口上附两个长方形镂孔耳和一龙形爬兽。盘内满饰蟠螭纹和龙纹。特别是镂空耳的设计铸造很容易使人联想起曾侯乙墓出土的尊盘。发掘者在报告中指出在器耳表面发现较多蜡流痕迹，并声称这一新发现使迄今纷争多年的失蜡铸造法有了新的证据。其实在此之前，张昌平在对曾侯乙盘的研究中已经注意到类似的现象。他观察到曾侯乙尊盘兽形饰顶部附饰若干残件的铜梗表面光洁，不见范缝。特别是在其中一件附饰的铜梗一侧和纹饰单元底部，分别可见若干褶皱。因此他推测这些褶皱应当是较稠浓的流体冷却后的形态，它或者反映的是蜡模加热后形成的流态。并指出"失蜡法使用的蜡模并非都是整体成型，而可能会将不同蜡模部件通过加热粘连。……可能是曾侯乙盘附饰为失蜡法铸造的直接证据"。

周卫荣则否认所谓蜡流痕迹，研究指出失蜡铸造只有在烘焙退蜡工序有流蜡，蜡已失掉，留下的空腔是蜡原先填充的空间，不会有所谓"流蜡痕迹"。褶皱是铸造过程中青铜液在型腔中流铜不畅造成的，镂空青铜器系范铸工艺所制，交织的铜梗体现了范铸工艺的分层制范技术。

关于先秦时期我国是否有失蜡法的问题，目前学界形成了两种争锋相对的观点。支持与反对的两派均围绕各自的观点进行了相关的模拟实验与观察，至今仍未达成一致意见。这一问题的解决尚需要更多的考古证据。

## 【进阶篇目】

1. 袁金平、王丽：《新出曾国金文考释二题》，《出土文献》（第六辑），中西书局，2015 年，第 23—24 页。

2. 赵平安：《嬎盘及其邿君考》，《中国史研究》2016 年第 3 期。

3. 张昌平：《关于曾侯乙尊盘是否采用失蜡法铸造争论的述评》，《江汉考古》2007 年第 4 期。

4. 黄维、周卫荣：《随州文峰塔东周青铜盘镂空耳的铸造工艺》，《故宫博物院院刊》2018 年第 1 期。

5. 杨欢：《中国青铜时代失蜡法百年研究史略论》，《中国科技史杂志》2021 年第 1 期。

# 38. 曾侯丙缶〔1〕

【图版】

盖铭            龙耳铭

**【释文】**

曾侯丙[2] 之役缶[3]

礚[4] 以为长事[5]。

**【著录】**

《考古》2014 年第 7 期；

**【注释】**

〔1〕2009 年出土于湖北省随州市义地岗墓群文峰塔墓地（M18：2），现藏随州市博物馆。

〔2〕丙，人名。

〔3〕役缶，相当于"行缶"。一说释让，读为沐。说详下。

〔4〕礚，从石从夹，可读为挟。一说从"夾"，读为摄。或直接释作"瘗"，训"埋"。

〔5〕长事，即长使。犹金文常见的"永宝用之"。一说读为"幽事"，与器物的用途有关。

**【延展阅读】**

**1. 小口鼎和小口缶**

东周时期诸侯国的盥洗器除了流行盘、匜之外，还盛行一种口部较小的鼎和缶。这类器物的共同的特征是口部很小，与粗壮的身躯颇不相称。小口鼎多自名为"汤鼎"，小口缶的自名较多，如"浴缶""盥缶"等，虽然用字不同，但是均有相通之处，大致可以藉此明了其用途。

表一　东周时期有铭文小口鼎统计表

| 名称 | 器物图片及铭文拓片 | 铭文 | 出土地点及著录信息 |
|---|---|---|---|
| 徐赘尹馨鼎 | | 唯正月吉日初庚，徐赘尹馨自作汤鼎，温良圣敏，余敢敬盟祀，訇津（洗？）沐俗（浴），以知卹辱，寿躬毂子，眉寿无期，永保用之。 | 绍兴市坡塘乡狮子山西麓M306∶采3，《绍兴306号战国墓发掘简报》，《文物》1984年第1期。 |
| 襄惠子汤鼎 | | 襄惠子汤之䵼，子子孙孙永保用之。 | 六安市九里沟乡九里沟村，《安徽江淮地区商周青铜器》，文物出版社，2014年，第94页。 |
| 彭子射鼎 | | 彭子射之汤鼎。 | 南阳市汉宛城M38∶58，《河南南阳春秋楚彭射墓发掘简报》，《文物》2011年第3期。 |
| 无所鼎 | | 彭公之孙无所自作汤鼎，眉寿无期，永保用之。 | 南阳市物资城工地M1，《南阳市物资城一号墓及其相关问题》，《中原文物》2004年第2期。 |
| 佣鼎 | | 楚叔之孙佣之鐈（汤）鼎。 | 淅川下寺乙M2∶56，《淅川下寺春秋楚墓》，文物出版社，1991年，第112、114页。 |

续表

| 名称 | 器物图片及铭文拓片 | 铭文 | 出土地点及著录信息 |
|---|---|---|---|
| 佣鼎 | | 楚叔之孙佣择其吉金，自作浴（浴）斝（瓮），眉寿无期，永保用之。 | 淅川下寺乙 M3：4，《淅川下寺春秋楚墓》，文物出版社，1991 年，第 218、220 页。 |
| 蓮夫人嬭鼎 | | 隹（唯）正月初吉，岁在涒滩，孟春在奎之际，仰（蓮）夫人嬭择其吉金，作铸让鼎，以和御汤，长赒（迈）其吉，永寿无疆，仰（蓮）大尹（君）嬴作之，后民勿忘。 | 河南省淅川徐家岭楚墓HXXM11：11，《河南南阳徐家岭M11新出陑夫人嬭鼎》，《中原文物》2009年第 3 期。 |

## 表二　东周时期有铭文小口缶统计表

| 名称 | 器物图片及铭文拓片 | 铭文 | 出土（收藏）地点及著录信息 |
|---|---|---|---|
| 嘉子孟嬴皆缶 | | 隹（唯）正月初吉庚午，嘉子孟嬴皆不自作行缶，子孙其万年无疆永用之。 | 美国华盛顿弗里尔萨克勒美术馆，《新收殷周青铜器铭文暨器影汇编》1806。 |
| 宽儿缶 | | 唯正八月初吉壬申，苏公之孙宽儿择其吉金，自作行缶，眉寿无期，永保用之。 | 《古文字与青铜器论集》（第三辑），第 75—79 页。 |

续表

| 名称 | 器物图片及铭文拓片 | 铭文 | 出土（收藏）地点及著录信息 |
|---|---|---|---|
| 倗缶 | | 楚叔之孙鄬子倗之浴（浴）缶。 | 淅川下寺乙M2：51，《淅川下寺春秋楚墓》，文物出版社，1991年，第130—131页。同墓出土两件。 |
| 孟滕姬缶 | | 唯正月初吉丁亥，孟滕姬择其吉金，自作浴缶，永保用之。 | 淅川下寺乙M1：72，《淅川下寺春秋楚墓》，文物出版社，1991年，第65页。同墓出土两件。 |
| 倗缶 | | 倗之缶。 | 淅川下寺乙M3：5，《淅川下寺春秋楚墓》，文物出版社，1991年。同墓出土两件。 |
| □缶 | | □缶 | 襄阳县山湾墓葬M23：3，《襄阳山湾东周墓葬发掘报告》，《江汉考古》1983年第2期。 |
| 蔡侯申缶 | | 蔡侯申之盥缶。 | 寿县西门蔡侯墓（22），《考古学报》1956年第2期。 |

231

续表

| 名称 | 器物图片及铭文拓片 | 铭文 | 出土（收藏）地点及著录信息 |
|---|---|---|---|
| 蔡侯申缶 | | 蔡侯申作孟姬媵盥缶。 | 寿县西门蔡侯墓（21），《考古学报》1956 年第 2 期。 |
| 彭子射缶 | | 彭子射之御缶。 | 南阳市汉宛城 M38：57，《河南南阳春秋楚彭射墓发掘简报》，《文物》2011 年第 3 期。 |
| 邟子彰缶 | | 邟子彰之趄缶。 | 谷城县禹山庙嘴，《〈中子宾缶〉初探》，《江汉考古》1985 年第 3 期。 |
| 曾旨尹乔缶 | | 曾旨尹乔之让缶。 | 文峰塔墓地 M61：11，《湖北随州市文峰塔东周墓地》，《考古》2014 年第 7 期。 |
| 曾公子弃疾缶 | | 曾公子弃疾之让缶。 | 随州市义地岗 M6：5，《湖北随州义地岗曾公子去疾墓发掘简报》，《江汉考古》2012 年第 3 期。 |

| 名称 | 器物图片及铭文拓片 | 铭文 | 出土（收藏）地点及著录信息 |
|---|---|---|---|
| 蔡公子缶 | | 蔡公子□姬安之䵼□。 | 襄阳县蔡坡4号墓M4：8，《襄阳蔡坡战国墓发掘报告》，《江汉考古》1985年第1期。 |
| 曾侯丙缶 | | 曾侯丙之役缶，硖以为长事。 | 随州市文峰塔墓地M18：2，《湖北随州市文峰塔东周墓地》，《考古》2014年第7期。 |

关于这两类器物的功用，学界也有不少的讨论。李零指出小口鼎与盛食物的鼎无关，当是煮开水的鼎。但不少学者把汤鼎和浴瓮区分开来，如刘彬徽根据《广雅·释诂二》"汤，爓也"，王念孙《广雅疏证》"沉肉于汤谓之爓"，认为汤鼎是煮肉汤用的鼎，浴瓮则是煮热水、开水用的鼎。王人聪也认为鼎铭之汤字系指用沸水烫熟食物之意，"汤鼎"是作烹煮用的炊器。董全生、李长周也认为浴鼎是日用品，而汤鼎与浴鼎有所区别，古代食用的汤浆也称汤，汤鼎可能是盛汤浆的。朱德熙、裘锡圭、李家浩结合其形制特征来论述说："鼎口小，不宜散热，搬动时液体不易晃出，用来盛热水比较适宜。"广濑薫雄认为汤鼎和浴缶都是用来洗浴的："缶只能盛热水，不能烧水；鼎则能烧水，却不方便拿起来使用。当时楚人可能在沐

浴时，用沐鼎烧水；等烧好了水，用勺子把热水盛到沐缶里，然后把沐缶拿到沐浴的地方，用勺子浇热水沐浴。洗浴用的缶、鼎和勺一起随葬正是这个原因。"广濑的论述很好地兼顾了器物的形制和铭文的记载，也是目前广为大家接受的意见。不过王宁从缶的音乐性能出发提出，缶既可盛水以盥洗沐浴，也可以扑击以和乐节歌，故既可称"浴缶"，也可称"扑缶"。因此，他认为"赴（卜）缶"应读为"扑缶"，即击缶、敲缶之意。不过问题是"赴（卜）缶"读为"扑缶"虽可通，但是"扑鼎""扑斗"却是讲不通的。

当然，广濑的意见是建立在将"辶"读为"沐"的基础上的。这样根据铭文，小口鼎和小口缶的功用有共同性，比如"盥""浴"等指向的是器物的盥洗功能。但是这样的认识其实存在一定的局限性，因为仍有一部分器物自名的修饰词使用的是"行""御""鬴"等词，而这类词并无明确的指向性。比如盘、匜作为青铜水器向来没有人怀疑过，但是其自名的修饰词并不都是"盥""沐""沬"之类，而是有"宝""御""行""旅"样的修饰词。因此即便我们承认小口鼎和小口缶的功能为洗浴，也不能证明"辶"一定就是读为"沐"的。这里有两个非常明显的作为反证的例子：一是随州义地岗曾公子弃疾墓出土的浴缶铭文自名为"行缶"，但是配套的斗却自名为"辶斗"。二是曾侯丙墓出土的缶，铭文自称为"辶缶"，但是器物呈方形，形制与曾侯乙墓出土与铜鉴配套使用的鉴缶相同，其功用反而可能为盛放酒的铜器。正是基于上述现象，尽管我们也倾向于认为小口鼎、小口缶的功能与洗浴相关，但是不免对"辶"的释读存在疑虑。

## 2. "辶"字当改释为"役"

相关文字如下：

表一

| A1 | A2 | A3 | A4 |
|---|---|---|---|
| | | | |
| 望山简 M2：54 号 | 信阳简 2—014 | 《包山》简 265 | 邡子彰缶 |
| B1 | B2 | B3 | B4 |
| | | | |
| 郭店《缁衣》简 46 | 《新蔡》甲三 189 | 上博《東大王泊旱》简 1 | 望山 1 号墓简 132 |
| C1 | C2 | C3 | C4 |
| | | | |
| 《集成》4688 "上官豆" | 《孔子见季桓子》简 26 | 郭店《五行》简 45《容成氏》简 3 | 清华简《耆夜》简 10 |
| D1 | D2 | D3 | |
| | | | |
| 郭店《语丛二》简 45 | 鄂君启节《集成》12110 | 楚王熊章钟《集成》85 | |
| E1 | E2 | E3 | E4 |
| | | | |
| 《集成》2766 | 《集成》1502 | 信阳简 2—08 | 《集成》6428 |

　　信阳长台关的⿰字，彭浩隶定作"迅"，读为"酌"，二字属真韵心母，《仪礼·士婚礼》："酌醴主人。"注："醴，漱也。醴之言演也、安也，漱所以洁口且演安其所食。"据此认为⿰缶是用作盛

漱口水的缶。后来作为包山楚简的整理者也将 A3 隶定作"迅"，读为"酌"。汤余惠读为"深缶"。刘彬徽认为迅缶即尊缶。刘信芳将"迅"读为"扤"。

作为对照材料，谷城县禹山庙嘴楚墓出土的一件浴缶非常重要。其中的■，陈千万认为隶定为"赺"，认为字从走、从攴亦声；"赺""福"声近韵同，故可通假。也可是"宝"字之借。施谢捷认为"赺"字从走从攴，攴当为声符，"赺缶"是"趍缶""行缶"的意思。刘彬徽认为"赺"可能是"浴"字的通假。

1998 年郭店楚简公布，其中《緇衣》简 46 的"卜"作■。这一字形为 A1 之类字的释读带来新的契机。李零指出 A1、A2 从"卜"得声（古帮母侯部字），疑读为"瓿"，并将其与谷城县禹山庙嘴楚墓出土中子宾缶的■字联系起来，指出"赺""辻"皆"赴"之异文，"辻缶"是"浴缶"或"盥缶"的别名。陈昭容大致与此同时也观察到郭店简《緇衣》中"卜"字的写法并联系到中子宾缶，但是对辻字的读法不同。

我们以为将"赺"读为"浴"的可能性是存在的，"赺"从"卜"得声，"卜"与"浴"同在上古屋部，不过声母相去较远。"赺"字或可读为"沐"，从卜声与"沐"声韵并近。究竟"赺"是读为"浴"或"沐"，需再研究。笔者认为"赺"也有读为"湢"的可能，《礼记·内则》谓男女"不共湢浴"，注："湢，浴室也。"从卜或从畐，声母皆唇音，韵部职屋旁转，"赺"与"湢"声音是相近的。"邖子彭之赺（湢）缶"点出此"缶"之置用之地，正与"呷所献为下寝盂"相似。

广濑薫雄先后对"辻缶""辻鼎"进行系统研究。他赞同陈昭容将"赺"读为"沐"的观点，在此基础上结合遣策记载和出土的随葬器物指出："战国时代楚国用从'卜'声的字表示｛沐｝这个词；'沐'字是秦系文字的用字习惯，在秦国统一文字后，全国统一使用'沐'字；汉代也沿用'沐'字。"

其实从文字学的角度看，战国楚文字中另有一个可能用作"沐"的字。其中一个已经见于上所引的绍兴市坡塘乡狮子山西麓 M306，该字字形写作 ，此外还有 、 等。对上述文字有释"会"、释"柔"、释"柔"（穗）、释"卨"、释"颖"、释"沐"等不同的意见。蒋玉斌将该字与商代金文中 联系起来，认为该字中与战国楚文字写法相近的 是在"沐"的表意字（图形式会意字）上加注的声符，因此他也赞同将战国楚文字中的 E1—E3 释读为"沐"。这样蒋先生在文中也提出了应该重新思考"辻（赵）"字与"沐"字的关系。

当然，在古文字中同一个字用不同的写法来表示的现象比较多见。如楚文字中的一 / 壹，有一 / 弌、罷、鼠等多种写法。因此 E 字释为"沐"并不能作为 A 字释为"沐"的反证。也就是说我们不能因为 E 字释为"沐"了，就否认 A 字释为"沐"。不过这倒是一个很好的契机促使我们重新研究 A 字的释读。如果 A 字可以释为"沐"，那么 A 和 E 是什么关系？如果 A 不是"沐"，那么它又应该怎样释读？

通过上述梳理，我们了解到目前学界对"辻"字的释读是建立在对"卜"字形认识的基础上的。古文字学界借助郭店楚简认出楚文字中的"卜"字之后，楚简中又出现了不少"卜"字。例如新蔡楚简甲三 189 号简"卜筮"之 B2，上博楚简《柬大王泊旱》有占卜的记载，其"卜"字作 B3，可见 B 这类形体释为"卜"应该是确凿无疑的。而 A1—A3 所从与这一形体几乎看不出太大的差别，这也是目前古文字学界多数人对"辻"字释读深信不疑的原因。

事实上，我们读到广濑薰雄的文章后的很长一段时间也非常相信这一观点，直到一次偶然读到刘洪涛考释上官豆"役"字的文章，感觉 A 字与刘洪涛讨论的 C 字在形体上存在很大的相似性，当时就觉得 A 字也应该跟 C 字一样释作"役"才对。不过这仅仅是直觉，仔细分析后发现存在若干环节无法给出合理的解释，只好暂时搁置。直到最近读到刘钊考释"役"字以及牛新房补充论述该字的文章，才逐步完善了当初的猜想，感觉将 A 字释为"役"的把握增加了几分。

刘洪涛将《集成》4688 的 C1 与上博简《容成氏》《孔子见季桓子》、郭店简《五行》、清华简《耆夜》的"役"字系联，将这一类字释作"役"。他在对字形的具体分析中指出 C2 是最常见的写法，跟"返"字形近，只是多出一横。C3 中 C2 的基础上横画下又多出一横，C4 则是 C3 省掉"又"旁的写法。从字形看 C1 与 C2 形体最为接近，只要把前者右上所从的曲笔拉直，就会变成后者，并用古文字中"盘""般"二字所从"殳"的形体变化来说明。

刘钊赞成刘洪涛的释读，并将甲骨文中原释为"永"或"衍"的字改释为"役"，这就找到了刘洪涛所释战国文字中"役"字的早期来源。刘钊将甲骨文中的"役"字分为如下五类：

① [字形]（《合集》34236+32082）　[字形]（《屯南》228）

　[字形]（《合集》32925）

② [字形]（《合集》33263）　[字形]（《新获》15）

　[字形]（《合集》32112）　[字形]（《合集》363）

③ [字形]（《屯南》332）　[字形]（《合集》32176）

　[字形]（《合集》34711）　[字形]（《合集》4553）

④ [字形]（《合集》34712）　[字形]（《屯南》3594）

　[字形]（《屯南》3099+3237+3317）

⑤ [字形]（《屯南》723）

在这五类中：①式从"彳"从"人"从"𠬞（左右两手）"；②式仍然从"彳"从"人"，但不再从"𠬞"而是从"又（右手）"。②

式是由①式的两只手简化为一只手；③式是①式的变体；④式左边的形体是反体，正过来就是手中拿一物的"彡"形，即"殳"字；⑤式为以上各式的省减。

刘钊指出战国文字中C1—C5诸形中的乀、二、丶、冖、一、二部分可能是饰笔，则将其去掉，形体就会作㐫、㐁、㐀、㐁、㐁、㐁形，其中的㐁、反、㐁、㐁、又部分，最后讹混成了"殳"旁，字形于是最后定型演变为从"彳"从"殳"的"役"字。

牛新房顺着上述思路，在古文字材料中找到了从反形的"役"字。并总结出"役"和"返"的关键性差别在于：不加饰笔的"役"字的右上部，竖笔和横笔相连且竖笔突破了横笔，成了卜形；而"返"所从的"反"字竖笔和横笔也相连，但竖笔不会突破横笔，作"厂"形。

结合上述分析，我们可以得出这样的认识：A1—A3实际上就是C1省掉了手形；A4实际上与D1—D3同形。因此A1—A4实际上都是"役"字，只是因为"役"字所从的"殳"讹变太大，以致与"卜"字形近，并发生混淆，导致误释为"辻"，读为"沐"。

## 【进阶篇目】

1. 王子杨：《曾侯丙方缶铭文"硤以为长事"解》，《曾国考古发现与研究学术研讨会论文集》，2014年。

2. 董珊：《曾侯丙方缶铭文解释》，复旦大学出土文献与古文字研究中心网站，2014年12月31日。

3. 王恩田：《曾侯丙迅缶跋——兼释"赵缶"与"迅氏（匙）"》，复旦大学出土文献与古文字研究中心网站，2015年2月23日。

4. 袁金平、王丽：《新出曾国金文考释二题》，《出土文献》（第六辑），中西书局，2015年。

5.〔日〕广濑薰雄：《释"卜缶"》，《古文字研究》（第二十八辑），中华书局，2010 年。

6.〔日〕广濑薰雄：《释卜鼎——〈释卜缶〉补说》，《古文字研究》（第二十九辑），中华书局，2012 年。

7. 王宁：《"赵缶"别议》，简帛网，2015 年 1 月 4 日。

8. 蒋玉斌：《说与战国"沐"字有关的殷商金文字形》，复旦大学出土文献与古文字研究中心主编：《战国文字研究的回顾与展望》，中西书局，2017 年，第 46—49 页。

9. 刘洪涛：《释上官登铭文的"役"字》，复旦大学出土文献与古文字研究中心网站，2011 年 2 月 16 日；收入氏著《形体特点对古文字考释重要性研究》第 268—272 页，商务印书馆，2019 年。

10. 刘钊：《释甲骨文中的"役"字》，《出土文献与古文字研究》（第六辑），上海古籍出版社，2015 年。

11. 牛新房：《释楚文字中的几个役字》，《古文字研究》（第三十二辑），中华书局，2018 年，第 464—468 页。

12. 凡国栋：《东周时期小口盥洗器的自名——兼论"辻"字的释读和用法》，李峰、施劲松主编《张长寿、陈公柔先生纪念文集》，中西书局，2022 年。

# 十　随州均川刘家崖器群

　　刘家崖墓地位于随州市均川镇的均水西岸，邻近黄土岗遗址和熊家老湾墓地。1975 年冬，在刘家崖墓地三次采集到青铜器，年代集中在东周时期。作器者有"连迁"和"卲"。1980 年，随州市博物馆在刘家崖发掘了一座墓葬，墓葬长 5.3 米，宽 3.7 米，方向为 45 度。墓葬早期被盗，出土铜器 30 余件，作器者有"盅"和"盗叔"。

　　1980 年四川成都市新都区马家镇一座战国蜀人墓葬出土一带盖鼎，盖内铸铭文"卲之飤鼎"。铭文与 1975 年刘家崖"卲"豆字体相同。当是同人所作。

# 39. 卲盨〔1〕

【图版】

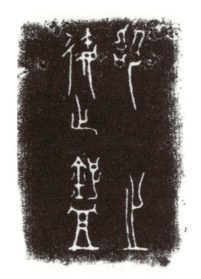

## 【释文】

卲<sup>〔2〕</sup>之御鎠<sup>〔3〕</sup>。

## 【著录】

《考古》1982 年第 2 期;《集成》4660;《曾青》第 188—189 页

## 【注释】

〔1〕1975 年出土于湖北随州市刘家崖墓地, 现藏随州市博物馆。

〔2〕卲, 人名。

〔3〕鎠, 从金、从皿, 只声。可能为此类方豆形器的专名。

## 【延展阅读】

### 1. 方豆形器的专名

从辞例看, 铭文最后一字当是器物自名, 从"只"声。信阳简 2—12 中有"方琦", 田河认为方琦指称的是墓中所出的漆器高足方盒。这件高足方盒的样式与此方豆有相似之处。与之相关的还有固始侯古堆 M1 出土"訇方豆"(《集成》4662), 铭文为"訇之馭盉"。信阳简与"訇方豆"的器物自名均从"奇"声,"只"与"奇"韵部、声母相近, 可为通假。赵平安指出"盉"为方豆之专名, 是江淮流域出现并流传的新器类。三件形制相似, 尤其两件铜器, 为同类器物, 那么盉、琦、鎠当为此类方豆器的专名。黄凤春据上述两件方豆铭文, 认为此类流行于春秋晚期到战国中晚期的方豆本名当为"敊", 由宥坐之器"敊器"发展而来。可备一说。

### 2. 四川出土的"卲"作器

四川省成都市新都区马家镇晒坝村墓葬出土"卲鼎"(《集成》1980), 铭文内容为"卲之馭贞(鼎)", 字体与刘家崖"卲"豆字体相同, 可能是同人所作器物。

## 【进阶篇目】

1. 赵平安：《金文考释四篇》，《语言研究》1994 年第 1 期；收入氏著《金文释读与文明探索》，上海古籍出版社，2011 年。

2. 黄凤春：《说方豆与宥坐之器》，《江汉考古》2011 年第 1 期。

# 十一　随州安居汪家湾器群

　　随州安居汪家湾墓群位于随州市安居镇徐家嘴村汪家湾。1988年1月，因当地一座窑场取土而暴露墓葬一座。随州市博物馆获悉后，派员赴现场进行发掘清理，清理土坑竖穴墓1座，墓室残长约4米，宽约2米，残深0.5米—0.75米，葬具为一棺一椁，出土器物有铜鼎1件、铜簠2件、铅方壶2件，以及铜车軎、铜镞、陶罐等。鼎盖内中部和器腹内壁均铸有内容相同的铭文"曾孙定之脰鼎"，簠盖内和器底铸铭文"曾都尹定之行簠"。根据出土器物组合、形制可知，该墓群为春秋晚期曾国贵族墓地。

# 40. 曾孙定鼎（附曾都尹定簠）<sup>〔1〕</sup>

【图版】

**【释文】**

曾孙定[2]

之脰（厨）鼎（鼎）[3]。

**【著录】**

《江汉考古》1990 年第 1 期；《曾青》第 262—265 页

**【注释】**

〔1〕1988 年出土于湖北省随州市安居镇徐家嘴村汪家湾墓地，现藏随州市博物馆。

〔2〕定，人名。一说与《说文》"法"字古文 㳒 相近，释作"法"。

〔3〕脰鼎，即厨鼎。脰，《广雅·释言》："馔也。"《玉篇》："馔，饭食也。"脰鼎为装食物的鼎。

# 附：曾都尹定簠[1]

**【图版】**

**【释文】**

曾都尹[2]定

之行臣（簠）。

**【著录】**

《江汉考古》1990 年第 1 期；《曾青》第 266—269 页

**【注释】**

〔1〕1988 年出土于湖北省随州市安居镇徐家嘴村汪家湾墓地，现藏随州市博物馆。

〔2〕都尹，职官名。或为管理都城的主官。

**【延展阅读】**

**1. 胆鼎**

"胆鼎"之名最早见于春秋晚期，多为江淮一带出土。李零释

"胆"为"厨"，厨字原从肉从豆，同时指出"曾大师奠之厨鼎"及"吴王孙无土之厨鼎"两器形相似，是受越式鼎影响的撇足鼎。"集胆"见于寿县李三孤堆墓出土楚王及太子诸器。朱德熙、裘锡圭首先释出其中的"集"字，指出"集胆"即"集厨"，天星观楚简又见有"集胆尹"，可见其为楚王室厨官的名称。

### 2. 都尹

左德田认为都尹可能为管理都城的长官。也有学者认为"都"并非都是指都城而言。《左传·庄公二十八年》："筑郿，非都也。凡邑，有宗庙先君之主曰都，无曰邑。邑曰筑，都曰城。"杜预注："宗庙所在，则虽邑曰都，尊之也。"《周礼·夏官·序官》："都司马每都上士二人。"郑玄注："都，王子弟所封及三公采地也。""都尹"相当于楚简中所见的"邑司马"。

### 【进阶篇目】

1. 李零：《化子瑚与淅川楚墓》，《文物天地》1993年第6期。
2. 朱德熙、裘锡圭：《战国文字研究（六种）》，《考古学报》1972年第1期。
3. 罗运环：《古文字资料所见楚国官制研究》，《出土文献与楚史研究》，商务印书馆，2011年，第173—199页。
4. 吴晓懿：《战国官名新探》，安徽师范大学出版社，2013年。
5. 左德田：《曾都刍议》，《江汉考古》1990年第1期。

# 十二　淅川和尚岭和徐家岭器群

　　1990年河南淅川县和尚岭和徐家岭发掘了12座楚墓，其中三座墓葬出土曾器。

# 41. 曾仲遼器座<sup>〔1〕</sup>

【图版】

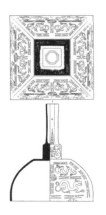

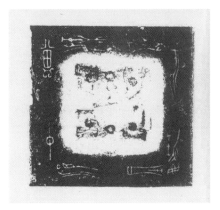

**【释文】**

曾中（仲）伳（薳）[2] 垔（尹）璃[3] 之且（祖）埶
（鞹）[4]。

**【著录】**

《新收》521；《曾青》第 404—405 页；《和尚岭与徐家岭》第
109 页

**【注释】**

〔1〕1990 年出土于河南省淅川县和尚岭墓地（HXHM2∶66），
现藏河南省博物院。

〔2〕伳，读为薳，即春秋时期楚国的薳氏，详下文。

〔3〕垔璃，人名。

〔4〕且埶，释读意见分歧较大，详下文。

**【延展阅读】**

**1. 楚国的薳氏**

薳氏是楚国世族，《左传》有时又记作芴氏。关于薳氏和芴氏
的关系，过去一直存在争论。或以为芴氏是薳氏的支系，或以为薳、
芴是两个不同的宗族。

1978 年以来河南淅川县下寺、和尚岭和徐家岭先后抢救发掘楚
国家族墓地三处，出土了一批与楚薳氏相关的有铭铜器。2014 年遭
到盗掘的湖北谷城尖角墓地，亦出土了芴氏铜器。加之新蔡、包山
等战国楚简中保存的一些薳氏资料，楚国薳氏族称等相关争议逐步
得以廓清。

目前所见古文字材料中，薳氏的氏称写法有四种：

| A | B | C | D |
|---|---|---|---|
| | | | |

A形，从邑，从正反两兽相对之形，见于下寺M2。发掘者认为正反相对之兽是夒，夒即猴子，隶定作"鄝"。李零指出"此字像两虎怒对之形，一正一反，由于书写不便，后世变形为虤……《说文》解释虤字为'虎怒也，从二虎'，徐铉音'五闲切'，古音属疑母元部，与怨读音相近……鞤即蒍字"。

B形，从邑从为，见于下寺M3，读作蒍。

C形，从邑从化，见于下寺M2、和尚岭M2，隶作鄡。

D形，从袁从辵，见于战国晚期的包山楚简，隶作遠。

在淅川下寺M2：51、55、56、63铜器铭文中，蒍子冯以"蒍"作为氏称。同墓所出60、61号尊缶铭文中，蒍子冯又用"鄡"作为氏称用字。嫁给蒍子冯的蔡国女子姬丹，却以"鄝（蒍）"作为其夫方的氏称。因此蒍子冯在氏称上兼用蒍、蒍、鄡。与徐家岭、和尚岭其它墓葬出土铜器铭文只称"鄡"显然不同。

首先，从文字学角度看，蒍、蒍、鄡在音、义上存在关联。上古音中，蒍、遠同属元部匣母，蒍属歌部匣母，鄡为歌部晓母。蒍、蒍声组相同，互为对转字。蒍和鄡同属歌部，传世文献中"化"可通假作"为"，"訛"常通作"伪"，所以蒍和鄡之古音接近。

从宗族的繁衍分化的角度来看。清华简《楚居》记载的楚先世系中，季连次子曰"遠中（仲）"，有学者认为"遠中（仲）"即为蒍氏先祖，蒍氏是较早从季连氏部落中分立的楚公族之一支，随着楚人在东周时期的崛起强大，蒍氏亦繁衍膨大，发展为楚国的强宗世族。春秋中期以后，蒍氏宗族内部至少裂为三支，其中蒍氏为大宗，战国楚简省作"遠"，芳、仰是小宗。蓮、芳、仰既为族称，也是邑名。芳、仰两小宗的采邑很可能是从大宗邑田中分割出来的，故总言称蓮，析论则谓蓮、芳、仰。三邑的地望，大致在汉水老河口至襄阳段以北、南阳盆地的西南部，彼此相距不远。目前见到的蓮氏诸宗均属"以邑为氏"，其氏称的金文写法也都从邑旁。

## 2.青铜方座的发现

同类方座形铜器迄今共有8座墓葬出土9件，且墓主基本上都是女性贵族。

（1）河南光山县宝相寺黄君孟夫妇墓出土一件

（2）河南淅川下寺楚墓 M1 出土一件

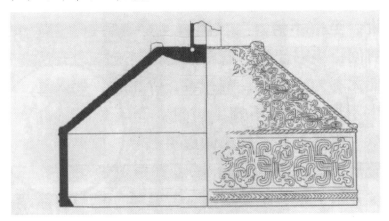

（3）湖北枣阳郭家庙曾国墓地 GMl7 出土一件

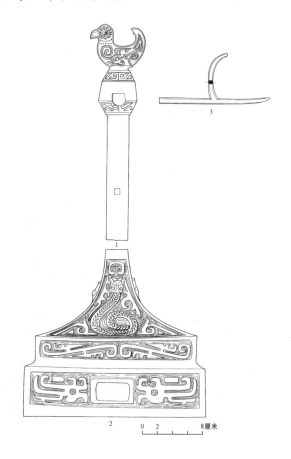

（4）山东长清县仙人台邦国墓地 M4 出土一件

（5）安徽屯溪弈棋 3 号墓出土两件

（6）浙江绍兴坡塘 306 号徐人墓地出土一件

（7）随州义地岗文峰塔墓地 M33 嬭墓出土两件（图暂未发表）

## 3. 青铜方座的自名

青铜方座自名作"且埶"，在金文为首见。引起众多学者关注，相关说法众多，大致有如下数说。

（1）镇墓兽之器座说。此说者认为"且埶"即镇墓兽的自名，如贾连敏、李零等。

（2）宛奇说。如赵平安认为"且埶"当读为见于秦汉简的"宛奇"，一种专门消除噩梦的怪兽。

（3）祖重说。如高崇文认为"埶"即见于三《礼》丧仪所用之"重"，"祖埶"即神灵所凭依的"祖重"。

（4）祖祢说。如宋华强认为"且埶"读为"祖祢"，指祖考，是一种进献祖先的祭器，不是器物自名。

（5）祖槷说。冯时读"埶"为"槷"，认为"祖槷"系古代观测日影的标杆称为"槷"。

（6）方座形挂饰说。如方辉认为"且"意当为"荐"，"埶"可释为"垫"或"埋"，指柱下基座，"且埶"意即放置在卧席之上的器座或座垫。后来又主张读为"席设"，指放置于卧席之上，用来悬挂首饰的设施。故将其定名为"方座形挂饰"。

（7）藉设说。如石小力读作"藉设"。本指祭祀朝聘时陈列物品的垫物，引申而有凭借、依靠之义，"藉设"即为悬挂物品所用。

笔者对此问题也关注很长时间。相关问题比较复杂，远不是下最后结论的时候。姑且把个人初步的想法略述如下。

从器物功用的角度来看，笔者倾向于方辉等人从实用器的角度来考察其用途。结合实物的形态特点，特别是只出土于女性墓的角度来看，器物作为悬挂物品的架子是合适的考虑。具体到相关文字的释读，笔者认为冯时读"埶"为"槷"是可取的，但是并非如他那样将之解释为观测日影的标杆。

《周礼·考工记·匠人》云："置槷以县。"郑玄注："故书槷或作弋。杜子春云：'槷当为弋，读为杙。'"从本质上说，所谓观察日影的"槷"实际上就是一个树立的木桩。树立的木桩可以观测日影，也可以是衣服架子。《礼记·内则》："男女不同椸枷。不敢县于夫之楎椸。"郑玄注："竿谓之椸。楎，杙也。"孔颖达疏："植曰楎，横曰椸。然则楎、椸是同类之物。横者曰椸，则以竿为之，故云竿谓之椸。"《尔雅·释宫》："檐谓之杙，在墙者谓之楎。"

因此，所谓"且埶"应读为"祖槷（檐、杙）"，即衣服架子。一般认为目前考古出土所见最早的衣架实物是曾侯乙墓出土的衣架（如下图）。其实上文所列这些青铜衣架的年代都不晚于曾侯乙墓。当然曾侯乙墓出土衣架是漆木衣架，而上列几件衣架除了青铜方座外，当有漆木立柱和横杆配合使用。特别是屯溪弈棋 3 号墓出土青铜方座共有两件，随州义地岗文峰塔墓地 M33 媵墓出土一件青铜方座和一件石方座。推测其架设木质配件后的形态应与曾侯乙墓出土的衣架近似。

曾侯乙墓出土衣架

**【进阶篇目】**

1. 李零：《"楚叔之孙佣"究竟是谁——河南淅川下寺二号墓之墓主和年代问题的讨论》，《中原文物》1981 年第 4 期。

2. 李零：《化子瑚与淅川楚墓》，《文物天地》1993 年第 6 期。

3. 李零：《再论淅川下寺楚墓——读〈淅川下寺楚墓〉》，《文物》1996 年第 1 期。

4. 李零：《说中国古代的镇墓兽，兼及何家村银盘上的怪鸟纹和宋陵石屏》，《入山与出塞》，文物出版社，2004 年，第 155 页。

5. 田成方：《东周时期楚国宗族研究》，科学出版社，2016 年。

6. 田成方：《再论楚蓮氏的族称和宗支》，《古籍整理研究学刊》2018 年第 1 期。

7. 方辉：《春秋时期方座形铜器的定名和用途》，《海岱地区青铜时代考古》，山东大学出版社，2007年。

8. 高崇文：《楚"镇墓兽"为"祖重"解》，《文物》2008年第9期。

9. 赵平安：《河南淅川和尚岭所处镇墓兽铭文和秦汉简中的"宛奇"》，《中国历史文物》2007年第2期，收入《新出简帛与古文字古文献研究》，商务印书馆，2009年，第322页。

10. 方辉：《东周时期的戟、砒与首饰挂架》，《东方考古》2012年第9期。

11. 宋华强：《淅川和尚岭"镇墓兽座"铭文小考》，《出土文献》（第五辑），中西书局，2014年。

12. 冯时：《祖槷考》，《考古》2014年第8期。

13. 裘锡圭：《古文献中读为"设"的"埶"及其与"执"互讹之例》，《东方文化》1998年36卷1、2号合刊；《再谈古文献以"埶"表"设"》，何志华、沈培等编《先秦两汉古籍国际学术研讨会论文集》，社科文献出版社，2010年。收入《裘锡圭学术文集·语言文字与古文献卷》，复旦大学出版社，2012年。

# 十三　寿县李三孤堆器群

李三孤堆原属安徽寿县朱家集，现划归淮南市谢家集区朱集乡朱集村。西距楚寿郢故城约 25 千米。1933—1938 年，这座战国晚期的楚王陵遭受三次大规模盗掘，流失文物 4000 余件，震惊世界。

墓中出土铸有楚王熊悍铭文的器物数量众多，学界一般认为该墓的墓主为楚幽王熊悍。下面将要介绍的曾姬无恤壶就出自这座墓葬。

# 42. 曾姬无恤壶〔1〕

【图版】

【释文】

隹（唯）王廿又六年[2]，圣起（桓）[3]
之夫人曾姬无卹（恤）[4]，虐（吾）
宅[5]兹漾陵[6]蒿閒（间）[7]之无
嗎[8]，甬（用）乍（作）宗彝隣（尊）壶，后
嗣甬（用）之，識（戴）[9]才（在）王室。

【著录】

《集成》9710；《曾青》第410—413页；《铭文选》700

## 【注释】

〔1〕1932年出土于安徽省寿县朱家集李三孤堆墓葬，现藏台北故宫博物院。

〔2〕王廿又六年，即楚宣王二十六年（公元前344年）。

〔3〕圣趄（桓），楚声王谥号。

〔4〕曾，国名，姬为其姓。无恤，人名。同例者有晋国的"郇无恤"和赵国赵襄子无恤。无恤为嫁给楚声王的曾国姬姓女子，卒于楚宣王二十六年。

〔5〕宅，《尔雅·释言》："宅，居也。"《尚书·尧典》"宅嵎夷"，孔传："宅，居也。"

〔6〕漾陵，即养陵，地名。包山简、《集成》11358有"养陵公"，1978年河南襄域出土金版有"兼陵"。

〔7〕蒿间，即蒿里，指死者所居之墓地。据包山简中漾陵、蒿间等地贷金数量比较而言，蒿间应是包含漾陵、鄝、株阳等地的更大的区域，漾陵是蒿间比较重要的地点。

〔8〕无嗎，无可匹敌。《左传·僖公二十三年》："秦晋，匹也。"杜注："匹，敌也。"

〔9〕戠从首，从戠，并且"首"字位于"戠"字的下方，是"戴"字的一种异体，字从首戠声，读为翼，意为恭敬。

## 【延展阅读】

### 1. 楚国的双字谥

谥号之法是为了避讳直呼被谥者之名，表示敬重之意。此即所谓"名，终将讳之"，"谥以尊名"。同时，也具有劝善戒恶之意。故《白虎通义》曰："谥者，何也？谥之为言引也，引列行之迹也。所以进劝成德，使上务节也。"《五经通义》云："谥者死后之称，累生时之行而谥之，生有善行，死有善谥，所以劝善戒恶也。谥之言列其所行，身虽死，名常存，故谓谥也。"

楚国的谥号，有单字谥和双字谥两种。单字谥以"敖谥"最早。最早使用"敖谥"的是若敖。若敖以后，还有霄敖、蚡冒（敖）。武王称王后，还有三位采用"敖谥"的楚君，即杜（堵）敖、郏敖、訾敖。"王谥"最早的是楚厉王熊眴，为楚武王称王后所定。从厉王熊眴开始，单字谥的楚国诸王，有武王、文王、成王、穆王、庄王、共王、康王、灵王、昭王、悼王、肃王、宣王、威王、怀王、幽王、哀王。楚国封君所见皆用单字谥，如坪夜文君、鲁阳文君、盛武君、成君等。在这些单字谥中，封君之谥字与"王谥"用字同类，采用周人谥法用字，"敖谥"用字则独具一格，体现出楚人早期的谥法特点。

双字谥者见于金文、竹简的有竞（景）坪（平）王、献惠王、柬（简）大王、圣（声）桓王、恕（悼）折（哲）王，见于传世文献的有顷襄王、考烈王。双字谥在实用时多见简称，有两种形式：或取第二字而简称，如竞（景）坪（平）王简称平王、献惠王简称为惠王、顷襄王简称为襄王；或取第一字而简称，如柬（简）大王简称为简王、圣（声）桓王简称为声王。

## 【进阶篇目】

1. 连劭名：《〈曾姬壶〉铭文所见楚地观念中的地下世界》，《南方文物》1996年第1期。

2. 范常喜：《"曾姬无卹壶"器名补说》，《南方文物》2007年第1期。

3. 冯时：《曾姬壶铭文柬释》，《楚简楚文化与先秦历史文化国际学术研讨会论文集》，湖北教育出版社，2013年8月。

4. 刘信芳：《蒿宫、蒿间与蒿里》，《中国文字》（新24期），艺文印书馆，1998年。

5. 黄德宽：《曾姬无卹壶铭文新释》，《古文字研究》（第二十三辑），中华书局，2002年。

6. 朱晓雪：《曾姬无恤壶"漾陵""蒿间"补说》，《湖南省博物馆馆刊》（第八辑），岳麓书社，2012 年。

7. 刘波：《曾姬无卹壶铭文再探》，《考古与文物》2015 年第 4 期。

8. 李家浩：《从曾姬无卹壶铭文谈楚灭曾的年代》，《文史》（第三十三辑），中华书局，1990 年。

9. 侯建科：《曾姬无卹壶铭文补论》，《中国文字研究》（第三十一辑），华东师范大学出版社，2020 年。

10. 吴良宝：《战国楚简地名辑证》，武汉大学出版社，2010 年。

11. 陈剑：《金文"彖"字考释》，《甲骨金文考释论集》，线装书局，2007 年。

12. 刘洪涛：《曾姬壶铭"戴在王室"解》，《长江学术》2015 年第 2 期。

13. 黄盛璋：《新发现的"羕陵"金版及其相关的羕器、曾器铭文中诸问题的考察》，国家文物局古文献研究室编：《出土文献研究续集》，文物出版社，1989 年，第 109—110 页。

# 十四　襄阳梁家老坟器群

2003 年襄阳梁家老坟墓地是一处楚国墓地，其中 M11 是战国时期楚墓，而出土的曾侯戝戈属春秋末期。

# 43. 曾侯戉戈（附曾侯戉剑）〔1〕

【图版】

【释文】

曾侯昃<sup>[2]</sup>之用戈。

【著录】

《曾青》第 388—389 页；《湖粹》59

【注释】

〔1〕2003 年出土于出土于襄阳梁家老坟墓地 M11，现藏湖北省文物考古研究院。

〔2〕昃，人名。

# 附：曾侯昃剑<sup>[1]</sup>

【图版】

剑格及正面铭文

剑格正面　　　　　剑格反面

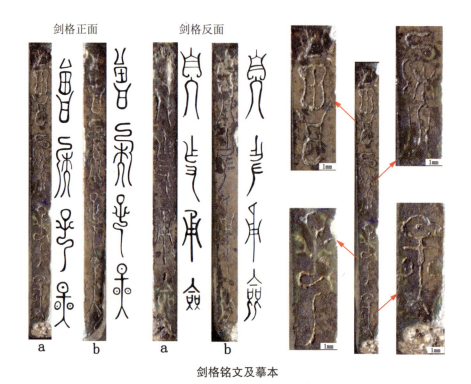

a　　b　　　　a　　b

剑格铭文及摹本

剑首铭文照片　　　　　剑首铭文摹本（笔者所作）

【释文】

曾侯子昃，曾侯子昃，自乍（作）甬（用）金（剑），自乍（作）甬（用）佥（剑）。

剑格

曾侯昃以吉金自乍（作）元甬（用）之佥（剑）[2]。

剑首

## 【著录】

《中国考古学会十三次年会论文集》；《铭图续》1350；《鸟虫书通考》第 426—427 页；《江汉考古》2022 年第 5 期

## 【注释】

〔1〕出土时地不详，现藏长江文明馆。

〔2〕剑首铭文的摹本和释文错误较多，文字阅读的方向也不正确，详下文。

## 【延展阅读】

### 1. 曾侯昃剑的发现与辨伪

曾侯昃剑最早出现于 2010 年，曹锦炎在绍兴某藏家处获得该剑资料后率先在中国考古学会第十三次年会上撰文公布，并对铭文作有考释。此后该剑又被著录于《商周青铜器铭文暨图像集成续编》。该剑现收藏于位于湖北武汉的长江文明馆。《江汉考古》2022 年发表了武汉大学考古学院研究团队运用 X 射线探伤、体式显微镜拍照等方式对该剑的最新检测报告《长江文明馆藏曾侯子昃剑初探》（下文简称为《初探》）。该报告对曾侯昃剑的形制、铭文、铸造工艺、年代等问题进行了系统研究。特别是公布了更为清晰的剑体及铭文照片、X 光照片，使我们有机会进一步研究该剑的铭文。

需要指出的是，由于此前公布的图片不清，摹本也有若干笔画存在误认，导致早期对该剑铭文的释读存在若干错误认识。本文根据此次发表的高清图片重新制作了剑首铭文的摹本，并对若干关键文字重新进行释读，从而使得该剑铭文显得更加文从字顺。

曾侯戉剑格及剑首共铸有铭文28字。其中剑格正、反面铸铭文各8字，剑首有错金银鸟篆铭文12字。

曹锦炎的释文如下：

剑格正面铭：曾侯子戉曾侯子戉

剑格反面铭：自乍（作）甬（用）金（剑）。自乍（作）甬（用）金（剑）。

剑首铭：矢（戉）乍（作）自之，吉〔金〕玄铝，侯曾金（剑）之甬（用）。

吴镇烽释文与曹文相同，只是在备注中另有说明如下："剑首铭文省减、错乱，应读为吴（戉）自乍（作）之，吉〔金〕玄铝，侯曾金（剑）之甬（用）。"

《初探》剑首摹本

《初探》在释字上采用的是曹锦炎的意见。不过文中以表格的形式将曾侯戉剑和曾侯戉戈在铭文书写上的差别表现出来（表一），颇为明了。

表一　曾侯昃剑与曾侯昃戈鸟虫书铭文比较

| 曾侯昃剑 | | | | |
|---|---|---|---|---|
| 曾侯昃戈 | | | | |

表中第三字曹文均释为"昃"，有分析如下：

　　这三件兵器的"昃"字构形相同（引者按，曹文所云的三件包括一件私人收藏的曾侯昃戈，著录于《鸟虫书通考》（修订版）第431页），皆作"昊"，字从"日"从"矢"。这种写法渊源自甲骨文，其构形强调日光下人影（甲骨文写作"大"即正面人形）斜侧，本是会意字。写作"昊"已稍有变化，所从人形演变为"倾首"之"矢"，成会意兼形声字（今隶作"昃"，则改从"仄"声）。所以，剑首铭文"昃"字可以省写作"矢"，当然鸟虫书构形往往省略笔画也是一个原因。

　　今按，襄阳梁家老坟战国墓出土曾侯昃戈的"昃"字写作A3（表二），从"矢"从"日"，"日"在人形腋下。《鸟虫书通考》著录的私人所藏曾侯昃戈的"昃"字写作A4。可以看清的笔画是从"矢"，是否从"日"则不太清晰。从最新公布的高清图片来看，曾侯昃剑格铭文中的"昃"字作A1形，整体字形从"矢"（写作"大"），从三个"日"，其中一个"日"在人头上，另外两个"日"在人腋下。在剑首铭文中也有一个写作此形的字A2（原摹本未表现出日中的一点，请参照笔者所作的摹本），只是"日"字稍微作了艺术化处理，总体结构没有发生变化。

关于"昃"的造字本义，裘锡圭曾指出甲骨文中的"昃"字是"以象人形的'大'旁和'日'旁的相对位置表示出日已西斜的意思，后来'大'被改为形近的'矢'，'昃'字就由表意字转化为从'日''矢'声的形声字了"。曾侯昃剑的"昃"写作从"人"，与甲骨文相同，这乃是一种复古的作风。而我们知道鸟虫书本来就是一种装饰笔画较多的文字，因此A1、A2从三"日"与A3、A4从一"日"实际上并无分别，完全都可以释作"昃"。

### 表二　曾国金文中的"昃"字

| A1 | A2 | A3 | A4 |
|---|---|---|---|
| | | | |
| 曾侯昃剑格 | 曾侯昃剑首 | 曾侯昃戈（襄阳梁家老坟所出） | 曾侯昃戈（私人藏戈） |

曹文将A2释作"铝"，然并未作细致分析。其实鸟虫书中"铝"字出现较多（表三），曹锦炎在《鸟虫书通考》（增订版，第50页）一书中已经作有细致的分析，其说如下：

"铝"字原篆作，《集成》11136作，此字的释读颇多歧异。李孝定先生认为"疑商、生二字合文，或竟是'商'之异构，果尔，则当读为赏"（引者按，见李孝定、周法高、张日昇：《金文诂林附录》，香港中文大学，1977年。以下引文出处均为引者所注。）。黄德宽先生认为"此字疑为'公'字的变形"（黄德宽：《蔡侯产剑铭补释及其他》，《文物研究》第2辑，

274

1986 年）；傅天佑先生认为是"鼍"的象形字，从"单"声，戈铭是指越王"无颛"（傅天佑：《越器〈无颛戈〉铭文考释》，《江汉考古》1988 年第 1 期）；黄锡全先生释为"啻"字的变体，"夫啻"是人名，即越王"翳"（黄锡全：《夫 戈铭新考》，中国古文字研究会第八次年会论文，太仓，1990 年）；周世荣先生则释为"铅"字（周世荣：《湖南楚墓出土古文字丛考》，《湖南考古辑刊（1）》，岳麓书社，1982 年）。按这个字的正确辨识，不仅关系到戈铭的通读问题，而且也有助于解决玄鏐戈的国别问题。其实，陈梦家先生早在 1936 年就识出此字，他将此字隶定为"鋚"，谓即"铅"字（陈梦家：《海外中国铜器图录（第一集）》，1946 年），堪称独具慧眼。近年李家浩先生从陈说，又进一步加以肯定（李家浩：《攻五王光韩剑与虞王光趄戈》，《古文字研究》第十七辑，1989 年）。所以，释为"铅"字可以成为定论。从此字构形看，上部的"Y"或"T"为装饰笔画，参看图 30 戈铭的"玄""用""敔"字便可清楚，去掉饰笔后，"金"旁并不难认，"铅"字只不过是将左右结构的偏旁改写成上下结构的偏旁，"吕"旁横列而已。

### 表三　鸟虫书中的"铅"字

| | | | |
|---|---|---|---|
| 《江汉考古》1988 年第 1 期 | 《集成》10970 | 《集成》11136 | 《集成》11138 |

根据我们新作的摹本，A2 显然从"日"，而不是从"吕"，其余部件也无法释作"金"，整体与表三中列出的"铅"字区别较大，因

此释"铝"显然是错误的。

接下来我们再来看曹文释作"𢼸"字。该字原作🦅，形体与上文所释确凿无疑的"𢼸"字显然差别很大。我们认为该字当释作"元"。从形体上看，字形整体似一鸟形，排除掉鸟纹装饰笔画的干扰后，其主体部分从"一"从"兀"，同类的写作在鸟虫书中并不罕见（表四），只是装饰的部位和繁简程度有别而已。

表四　鸟虫书中的"元"字

| | | | |
|---|---|---|---|
| | | | |
| 《集成》11640 | 《文博》1996 年第 4 期 | 《集成》11704 | 《集成》11544 |

至于"𢼸"字下面的"▮"字，原摹本将其摹作"🦅"，释作"玄"字。该字较为模糊，即便是最新公布的高清照片也没有明显的改善，我们根据现有可辨识的笔画将其摹作"🦅"，该摹本虽然仍有部分笔画未能准确反映，但是较之原摹本则更为可靠。从摹本可以看出除掉鸟形装饰笔画后，其主体部分乃是"以"字。

表五　曾侯𢼸剑首铭文中的"以""金"字

| 文字 | 以 | 金 |
|---|---|---|
| 图版 | | |
| 原摹本 | | |
| 今摹本 | | |

最后，曹锦炎的释文中有两个"之"字，原摹本分别作"𧶠""𧶠"，二者看似相近，实则上部差别较大。其中后者释为"之"字没有问题，而前者的摹本有点失真，我们新作的摹本作"𧶠"，这个字显然应该释作"金"。

综上所述，曾侯昃剑首铭文应该按照逆时针方向依次读为"曾侯昃以吉金自作元用之剑"。

### 2. 子为美称

剑首铭文中的"曾侯昃"何以在剑格中又称之为"曾侯子昃"呢？曹文认为曾侯子昃即曾侯昃，"子"为美称。《初探》一文则认为"曾侯子昃"当理解为"曾侯之子昃"，但是对于剑格和剑首铭文称呼的不同则未给出明确的解释，而是指出"铸造该剑之时，器主已继位成为国君或尚属曾侯之子，则有待讨论"。

笔者认为将"子"解释为美称可能更为合理。同样的例子有中国国家博物馆 2004 年 4 月入藏的"射壶"，据铭文记载该器乃是"射"祭祀其父"蔡君子兴"所作，"蔡君子兴"乃是《史记·管蔡世家》记载的"蔡侯兴"。此外，还容易让人想起苏家垄出土的曾仲游父器物群。该墓地出土鼎人名作"曾侯仲子游父"，而豆、壶作"曾仲游父"。关于二者称谓不同，如何解释则异说较多，此不赘。但是可以明确的是"仲"显然为排行，"仲"字之后的"游父"与"子游父"显然处在同一语法位置，涵义应该一致。因此，这个例子也与上述两例属于同类。曾国青铜器人名称谓比较复杂，上述两例的出现或许对解决相关问题有所裨益。

### 【进阶篇目】

1. 曹锦炎：《曾侯昃剑小考》，中国考古学会编：《中国考古学会第十三次年会论文集》，文物出版社，2011 年，第 272—276 页。

2. 邹秋实、李贝、江旭东、张昌平：《长江文明馆藏曾侯子昃剑初探》，《江汉考古》2022 年第 5 期。

3. 徐少华：《曾侯昃戈的年代及相关曾侯世系》，《古文字研究》（第三十辑），中华书局，2014 年。

4. 凡国栋：《曾侯昃剑铭文补正》，第七届中国四库学高层论坛，2022 年 12 月；《楚学论丛》（第十二辑），武汉出版社，2023 年。

5. 翟静雯：《曾侯昃剑铭文考释》，《江汉考古》2022 年第 6 期。

# 十五 随州擂鼓墩器群

随州擂鼓墩古墓群位于湖北省随州市曾都区南郊办事处擂鼓墩村,位于㴲水西岸约两千米处。

1978年曾在其中的东团坡发掘举世闻名的曾侯乙墓。1981年又在西团坡发掘擂鼓墩二号墓。以上两座墓葬均为曾侯级别的高等级墓葬,出土文物数量众多。

1997年,湖北省文物部门通过系统的调查和勘探了解到擂鼓墩一带包括团坡墓地、庙凹坡墓地、擂鼓墩墓地、吴家湾墓地、吕家塝墓地、王家湾墓地、蔡家包墓地、王家包墓地等八处岗地上都分布着东周时期的墓葬,是一处东周时期曾国国君墓地。

# 44. 楚王熊章钟<sup>〔1〕</sup>

【图版】

铭文照片

拓本　　　　　　　　　摹本

【释文】

佳（唯）王五十又六祀[2]，役[3]自西

旸（陽）[4]，楚王酓（熊）章[5]乍（作）曾侯乙宗

彝，奠（奠）[6]之于西旸（陽），其永時（持）用享。

【著录】

《集成》85；《曾侯乙墓》

【注释】

〔1〕1978年出土于湖北省随州市擂鼓墩曾侯乙墓中室 C65 下二6，现藏湖北省博物馆。

〔2〕王，即楚惠王酓（熊）章。楚惠王五十六年，即公元前433年。

〔3〕役，此字曾侯乙墓出土镈作𩰚，宋代出土钟作𩰚。释读分歧较大。我们主张释作"役"，说详下文。

〔4〕西旸，即西阳，地名。据文例当在曾侯乙逝世地和葬地，今随州市擂鼓墩。一说在《汉书·地理志》江夏郡下的西阳县，地在今河南光山一带，或以为在枣阳或安居，均不确。

〔5〕酓，读为熊。出土文献中楚王氏名多作酓。熊章，楚昭王之子，名章，谥为献惠王。

〔6〕奠，读为奠，置祭品祭祀鬼神或亡灵。《诗经·召南·采苹》："于以奠之，宗室牖下。"毛传："奠，置也。"《礼记·檀弓下》："奠以素器，以生者有哀素之心也。"孔颖达疏："奠谓始死至葬之时祭名。以其时无尸，奠置于地，故谓之奠也。"

【延展阅读】

1. 宋代出土两件楚王熊章钟

宋代安陆（今湖北省安陆市）出土有两件楚王酓章钟（薛尚功《历代钟鼎彝器款识法帖》云："得之安陆。"），其铭文分别作：

　　唯王五十又六祀，返自西阳，楚王酓章作曾侯乙宗彝，奠之于
西阳，其永持用享，穆商，商。

《集成》83

　　作曾侯乙宗彝，奠之于西阳，其永持用享，少羽反，宫反。

《集成》84

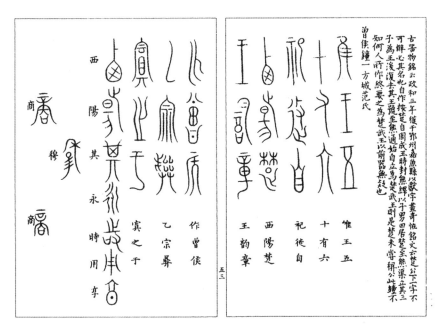

薛尚功《历代钟鼎彝器款识法帖》曾侯钟一

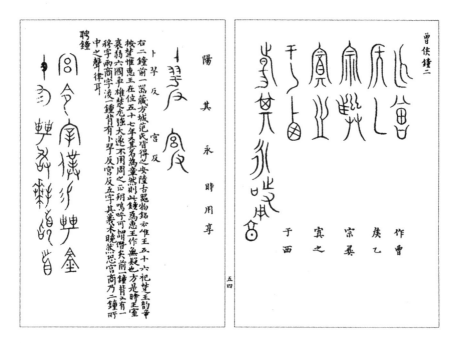

薛尚功《历代钟鼎彝器款识法帖》曾侯钟二

## 2. 役自西阳

楚王熊章钟铭文中"役自西阳"一句颇多争议,"役"字原有多种释法,如薛尚功释"徙",郭沫若隶定作"迻",亦读作迁徙之徙。李学勤、裘锡圭均释作"返",但理解不同。李学勤读作报衷之报,裘锡圭则认为是惠王自己从西阳返回楚国。此字,牛新房改释作"役",正确可从,但是他将其读为"疫",认为曾侯乙之死与西阳之疫相关则嫌不妥。

根据上文(曾侯丙缶释役)的讨论,我们认为这里的"役"实际上就相当于"行",即金文所云的"大行"。"大行"见于淅川下寺M1出土"敬事天王钟"铭文曰:"敬事天王,至于父兄,以乐君子,江汉之阴阳,百岁之外,以之大行。"随州文峰塔墓地M21出土铭文"曾孙邵之大行之壶"。"大行"乃古人对死亡的讳称,因此随州文峰塔M21"大行之壶"显然是为了曾孙邵下葬专门制作的明器。

同类的例子还有上官豆（《集成》4688），其铭文云："富子之上官隻（獲）之画□馈銒十，台（以）为大役之从銒，莫其居。"因此"大役"实际上就是"大行"。"役自西阳"即"行自西阳"，也就是说曾侯乙在西阳归天。

**【进阶篇目】**

1. 裘锡圭：《谈谈随县曾侯乙墓的文字资料》,《文物》1979 年第 7 期。

2. 罗运环：《楚王酓章镈铭文疏证》,《武汉大学学报》（人文科学版）2008 年第 4 期，收入氏著《出土文献与楚史研究》，商务印书馆，2011 年。

3. 刘洪涛：《释上官登铭文的"役"字》，复旦大学出土文献与古文字研究中心网站，2011 年 2 月 16 日；收入氏著《形体特点对古文字考释重要性研究》，商务印书馆，2019 年，第 268—272 页。

4. 牛新房：《释楚文字中的几个役字》,《古文字研究》（第三十二辑），中华书局，2018 年。

5. 黄锦前：《从枣阳郭家庙墓地的发掘看楚王熊章钟镈的"西阳"》,《华中国学》2019 年总第 13 卷。

# 45. 曾侯乙钟<sup>〔1〕</sup>

【图版】

曾侯乙钟下一1正面　　　　　　　　曾侯乙钟下一1反面

286

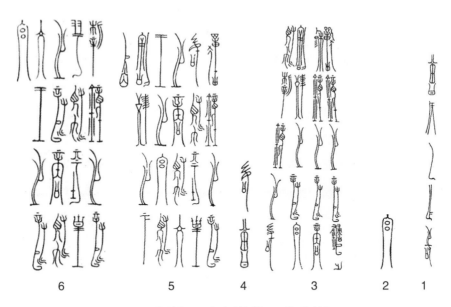

1 正面钲间、2 正面正鼓部、3 背面钲间
4 正面右鼓、5 背面右鼓、6 背面左鼓

**曾侯乙钟铭文摹本**

【释文】

曾侯乙乍（作）峙（持）

正面钲间

宫[2]

正面正鼓部

兽钟[3]之湝（㳠）[4]鐮[5]，
穆钟[6]之湝（㳠）商，
割（姑）靠（洗）[7]之湝（㳠）宫，
浊新钟[8]之徵。

背面钲间

徵曾[9]

正面右鼓

兽钟之湝（㳠）

徵，浊坪皇

之商，浊文王之宫，浊

割（姑）肆（洗）之下角。

背面右鼓

新钟之湝（滋）

翆（羽），浊坪皇

之湝（滋）商，浊

文王之湝（滋）宫。

背面左鼓

## 【著录】

《集成》286；《曾侯乙墓》；《曾侯乙编钟》

## 【注释】

〔1〕1978年出土于湖北省随州市擂鼓墩曾侯乙墓中室C65下一1，现藏湖北省博物馆。

〔2〕宫，指曾国律名"姑洗"均的"宫"。

〔3〕兽钟，楚律名。

〔4〕湝，用在音阶名前，意义待考。

〔5〕鬻，读归。音阶名，为角的低音异名。

〔6〕穆钟，楚律名。

〔7〕割肆，读为姑洗，曾律名。

〔8〕浊新钟，楚律名。

以上背面钲间铭文是对正面正鼓部铭文"宫"的解释。表明曾律姑洗宫的律位相当于楚律兽钟均的"湝（滋）鬻"、楚律穆钟均的"湝（滋）商"、姑洗均的"湝（滋）宫"、楚律浊新钟均的"徵"。

〔9〕徵曾，标明右鼓部的音为姑洗均的徵曾。钟铭中的"曾"作为后缀表示某音下方大三度。徵曾，即徵音下方大三度。

同理，右鼓和左鼓部铭文连读，标明右鼓部的音为姑洗均的徵曾。其律位相当于楚律兽钟均的"濬（濴）徵"、浊坪皇均的"商"、浊文王均的"宫"、浊割（姑）韎（洗）的"下角"、楚律新钟均的"濬（濴）翠（羽）"、浊坪皇均的"濬（濴）商"、浊文王均的"濬（濴）宫"。

【延展阅读】

### 1. 曾侯乙编钟铭文内容

曾侯乙编钟铭刻的乐律铭文是目前仅见的先秦乐律文献。曾侯乙墓编钟铭刻文字包括钟体铭文、钟梁刻铭、挂钟构件刻铭三种，共计 3755 字（计合文 3762 字），其中编钟上的铭文占绝大多数，共计 2828 字（计合文 3734 字）。这些文字绝大多数为错金铭文，字体纵长纤秀，运笔细匀流畅，布局严谨规整，装饰意味浓厚，是难得的艺术珍品。

编钟铭文体现的乐律内容主要包括律名对应和阶名对应两个方面。律名对应，主要是就曾国的某律与其他国家或地区的律名进行对应联系，其中涉及楚、齐、周、晋、申五国的律名。其对应关系如表一所示。

### 表一　曾国与东周各国律名对照表

| | C | #C 或 bD | D | #D 或 bE | E | F | #F 或 bG | G | #G 或 bA | A | #A 或 bB | B |
|---|---|---|---|---|---|---|---|---|---|---|---|---|
| 曾 | 姑洗宜钟 | | 妥宾 | | 韦音 | | 无铎赢乳 | | 黄钟应钟应音 | | 大族穆音 | 浊姑洗 |
| 周 | | | | | | | | | 应音 | | 剌音 | |
| 楚 | 吕钟 | 浊坪皇 | 坪皇 | 浊文王 | 文王 | 浊新钟 | 新钟 | 浊兽钟 | 兽钟 | 浊穆钟 | 穆钟 | |

续表

| | C | #C 或 bD | D | #D 或 bE | E | F | #F 或 bG | G | #G 或 bA | A | #A 或 bB | B |
|---|---|---|---|---|---|---|---|---|---|---|---|---|
| 晋 | 六墉 | | | | | | | | | | 龢钟 | |
| 齐 | | | | | | | 吕音 | | | | | |
| 申 | | 迟（夷）则 | | | | | | | | | | |

说明：铭文中凡未标明国别的律名，均作为曾国律名列入曾律一栏。

以上共计律名 28 个，与《国语·周语下》伶州鸠向周景王论乐时列出了东周王室的十二律相比较，其中可以对应的只有曾律中的姑洗、妥宾（即蕤宾）、无铎（即无射）、黄钟、应钟、大族（即太簇）和申律的迟则（即夷则）等 7 个。可见东周列国之间乐不同律、律不同名。铭文不厌其烦地将各国律名对应关系铸成铭文记载在编钟之上，正是出于音乐实践和音乐理论的需要。

阶名对应，主要是以姑洗均中某音为核心，阐述其在其他均中的音级及名称。相关的对应关系见表二。

### 表二 编钟阶名、变化音名与现代首调唱名对照表

| 首调唱名 | 基本阶名、变化音名 | 异名 |
|---|---|---|
| C | 宫 | 巽　素宫　浩宫　大宫　少宫　巽反　宫匜 |
| #C 或 bD | 羽　角 | 羽颠　变商 |
| D | 商 | 素商　浩商　大商　少商之反 |
| #D 或 bE | 微　曾 | 微颠下角 |
| E | 角 | 归　浩归　珈归　大归　宫角　大宫角　少宫角　下角　下角之反　角反　缺　中镈　素宫之颠 |

续表

| 首调唱名 | 基本阶名、变化音名 | | 异名 |
|---|---|---|---|
| #E 或 F | 羽 | 曾 | 和　羽顄下角 |
| #F 或 bG | 商 | 角 | 商顄　素商之顄　大商角　变徵 |
| G | 徵 | | 终　终反　濡徵　珈徵　大徵　少徵　徵反郫铸 |
| bA | 宫 | 曾 | 变羽 |
| A | 羽 | | 壴　壴反　濡羽　大羽　少羽　羽反　少羽之反 |
| bB | 商 | 曾 | |
| B 或 bC | 徵 | 角 | 徵顄　少徵顄　变宫 |

## 2. 战国文字的"噬"

濡，裘锡圭分析其读音应与遣相近，很可能是与遣音近的"衍"。训广，训大，有延伸、扩大、超过一类的意思。

王宁将该字释为"噬"。在曾侯乙编钟上有两种不同的写法：一种是"𣲖"（《集成》297.6），铭文云"应音之～羽"，从水从辥，此字当分析为从水辥声或噬省声，因为"水"的部分代替了"欠"的位置，所以当释为"濡"，用与"噬"同；一种是"𣲖"（《集成》308.3A）、"𣲖"（《集成》320.3A），铭文云"姑洗之～商"，这个字赵平安指出是"省去形符齿，仅剩下双声部分（右边'欠'讹变为'卩'）"，并认为也是"歠"字，实际上这个字还是"噬"的本字。该字在曾侯乙编钟铭文中作为音乐术语到现在还不能完全弄清楚，目前的很多解释只是停留在推测阶段，尚有待于进一步研究。

## 【进阶篇目】

1. 李纯一：《曾侯乙编钟铭文考索》，《音乐研究》1981 年第 1 期。

2. 饶宗颐、曾宪通：《随县曾侯乙墓钟磬铭辞研究》，香港中文大学出版社，1985 年。

3. 崔宪：《曾侯乙编钟钟铭校释及其律学研究》，人民音乐出版社，1997 年。

4. 陈应时：《曾侯乙钟磬铭文疑难字释义述评》，《音乐艺术》2002 年第 3 期。

5. 李纯一：《曾侯乙编钟的编次与乐悬》，《音乐研究》1985 年第 2 期。

6. 王宁：《从"丂"说到"噬"》，复旦大学出土文献与古文字研究中心网站，2014 年 10 月 28 日。

7. 冯光生、张翔：《曾侯乙墓音乐考古综述》，收入王子初主编《中国音乐考古 80 年》，上海音乐学院出版社，2012 年。

8. 邹衡、谭维四主编：《曾侯乙编钟》，金城出版社，2015 年。

# 46. 曾侯郎殳[1]

【图版】

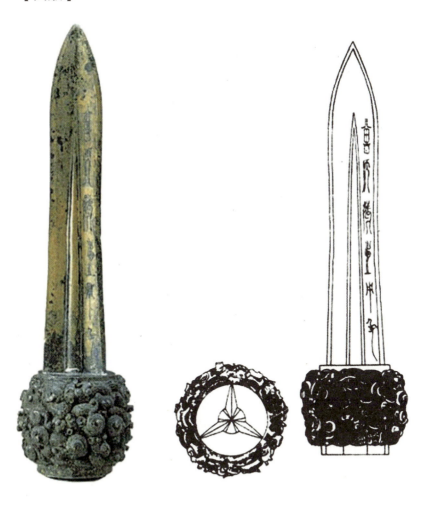

【释文】

曾侯郎[2]之用殳[3]。

293

## 【著录】

《集成》11567；《曾侯乙墓》

## 【注释】

〔1〕1978 年出土于湖北省随州市擂鼓墩曾侯乙墓（北室 N290），现藏湖北省博物馆。

〔2〕邸，人名。

〔3〕殳，兵器。《说文·殳部》："殳，以杸殊人也。《礼》：'殳以积竹、八觚、长丈二尺，建于兵车，旅贲以先驱。'"

## 【延展阅读】

### 1. 曾侯邸相关出土器物及其葬地

曾侯邸的墓葬目前不知道具体位置所在，但是曾侯邸制作的器物却集中出土于两座墓葬中。一是擂鼓墩 M1 曾侯乙墓，共出土曾侯邸的器物 21 件。包括曾侯邸戈 7 件、曾侯邸戟 11 件、曾侯邸殳 3 件。二是 1994 年东方油库 M3（即文峰塔墓地）出土了曾侯邸鼎 1 件。

曾侯邸的器物集中出土于曾侯乙墓，显示其与曾侯乙有比较亲近的关系。此外，曾侯乙墓还出土有部分曾侯與的器物。与之相关的还有本集提到的曾侯昃。关于这四位曾侯之间的关系，目前学界基本上在其中三位曾侯的年代顺序上取得了一致意见，即：曾侯與→曾侯邸→曾侯乙。曾侯昃的年代争议比较大，张昌平将其年代定在了春秋晚期，排定在曾侯與之前；黄凤春将其定于战国早期，排在曾侯乙之后。方勤最初认为其年代在春秋中期，后来又改变观点，将其排在曾侯與之前，徐少华也有相同的看法。根据墓地位置排序，方勤和黄锦前还指出 2011 年抢救发掘的文峰塔 M4 为曾侯昃的墓葬。

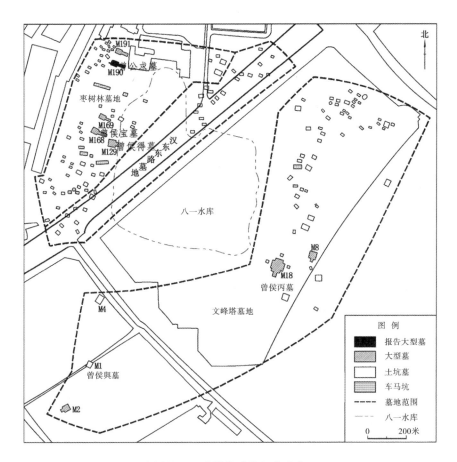

枣树林、文峰塔墓地曾侯墓分布图

## 2. 殳的形制之谜

殳为"五兵"之一。《周礼·夏官》"司兵掌五兵",郑司农注:"五兵者,戈、殳、戟、酋矛、夷矛。"《说文》引《礼》书云:"殳以积竹、八觚、长丈二尺,建于兵车,旅贲以先驱。"《诗经·卫风·伯兮》:"伯也执殳,为王前驱。"毛传:"殳,长丈二而无刃。"言殳无刃。殳又作杸,《说文·殳部》:"杸,军中士所持殳也。从木、从殳。"殳这种兵器长什么样子,到底有没有刃,由于缺乏实物和图像佐证,这个问题长期存在争议,无法定谳。直到曾侯乙墓发掘后,墓葬所出文物资料以无可辩驳的事实最终解决了这一历史悬案。

曾侯乙墓共出土了7件有刃殳、14件无刃殳。其中3件有刃殳的刃部较长，形似长矛，其中一侧的刃上皆铸铭文"曾侯郕之用殳"，殳在这里显然是该器物的自名。由此可见殳也可以有刃。《释名·释兵》："殳矛，殳殊也。长丈二尺而无刃，有所撞捼于车上，使殊离也。""殳矛"连称，显然是把殳、矛视为形近兵器。据曾侯郕殳自名"殳"来看，殳有刃，也符合"殳矛"连称。然而事实还不仅仅如此。曾侯乙墓出土遣册记载下葬物品中将殳分为"殳"和"晋殳"分为两种，裘锡圭认为"殳"是有刃的，"晋殳"是两端有铜套的无刃殳，带有仪仗性质。出土实物与竹简记载相互佐证，使得两种形制的殳——无刃殳（"殳"）和有刃殳（"晋殳"）终于被确认下来。

在曾侯乙墓发掘之前，有不少楚墓出土过殳。如1955年安徽寿县蔡侯墓曾出土过殳，当时定名为"三棱矛"，现在可以据曾侯乙墓提供的新知将其予以正名。

**【进阶篇目】**

1. 张昌平：《曾侯乙、曾侯遬和曾侯郕》，《江汉考古》2009年第1期；收入氏著《商周时期南方青铜器研究》，商务印书馆，2016年。

2. 方勤：《随州文峰塔M4墓主人为曾侯郕小考》，湖北省文物考古研究所编：《曾国考古发现与研究》，科学出版社，2018年。

3. 徐少华：《曾侯昃戈的年代及相关曾侯世系》，《古文字研究》（第三十辑），中华书局，2014年。

4. 黄凤春：《曾侯世系编年的初步研究》，《湖南省博物馆馆刊》（第十四辑），岳麓书社，2018年。

5. 黄锦前：《再论"穆穆曾侯"及随州文峰塔M4的墓主》，《文物春秋》2020年第4期。

6. 方勤：《曾国世系及相关问题研究》，《江汉考古》2021年第

6 期。

7. 王红星、卢川、孙建辉：《曾侯世系辨正》,《长江大学学报》（社会科学版）2021 年第 3 期。

8. 许道胜：《楚系殳（杸）研究》,《中原文物》2005 年第 3 期。

# 47. 君輕（广）车害<sup>〔1〕</sup>

**【图版】**

**【释文】**

君<sup>〔2〕</sup>輕（广）<sup>〔3〕</sup>钛（害）<sup>〔4〕</sup>。

**【著录】**

《集成》12025；《曾侯乙墓》

**【注释】**

〔1〕1978 年出土于湖北省随州市擂鼓墩曾侯乙墓（北室 N157），现藏湖北省博物馆。

〔2〕君，封君。曾侯乙墓出土遣册记录鄙君赗赠广车一辆，因

298

此"君"可能指鄀君。

〔3〕軖，从车里声，读为广，即广车。古代指兵车。《左传·宣公十二年》："楚子为乘广三十乘，分为左右。"又《襄公十一年》："广车、軘车淳十五乘。"杜预注："广车、軘车，皆兵车名。"

〔4〕钛，该字释读意见分歧较大，详下文。

**【延展阅读】**

**1. 曾侯乙墓出土车害的自名**

曾侯乙墓车害共计 76 件，均出土于墓葬的北室，其中只有一件铸有三字铭文（编号为 N157），整理者释文为"君軖（广）销"。第二字，近来有学者释为"之軗/軗"二字合文。第三字释读意见分歧尤大。除了整理者释"销"外，还有释"肄（害）"、释"铒"、释"銅（蒙）"、释"釾"、释"鈿（键）"等不同意见。

释"销"说从字形上看，缺乏依据，天虹论文已有辨析：

古文字中屡见肖字，作 [图] （《盟书》139∶14）、[图]（《汇》994）、[图]（《汇》4131）等形，曾侯乙墓竹简有削字，所从肖旁作[图]或[图]，均从月小声或少声（小、少古音相通），凡此与车害第三字所从 "[图]" 形绝不相类。所以释作"销"是错误的。其次，由古文献可知，销也是古代的一种兵车，"君广销"三字相连，在文义上是讲不通的。

其余在"肖""聿""耳""同""尹"等几种隶定方式之中，就字形而言，"聿"的依据似更为充分，但是也存在疑点。其一，"聿"的特点是表示笔毛的笔画均在长竖的下端，会手持笔写字之意，是"笔"之初文，而该字右半部长竖的下端没有笔画，而是在上端有一个小短横。其次，在东周的金文中，"聿"字或从"聿"的字，其手形一般要贯穿那一个比较长的竖笔，而这里的手形并没有贯穿。

关于第三字的释读，笔者曾有专文论述。这里将我们的意见简要转述如下。我们认为第三字当释"钛（軎）"。该字写法与见于包山楚简和天星观简遣册简中表示车軎的字相同（相关字形写法如表一）：

炎金之钛。白金之钲。絆组之鑪钛。　　　　　《包山》简 272

白金之钛。　　　　　　　　　　　　　　　《包山》简 273

白金之钛。赤金之钲。絆组之鑪之钛。　　　《包山》简 276

白金大。赤金之钝。絆组之鑪之大。　　　　《包山》牍 1

白金之钛。　　　　　　　　　　　　　　　天星观简

惠钛。　　　　　　　　　　　　　　　　　天星观简

钝钛。　　　　　　　　　　　　　　　　　天星观简

表一

| A1 | A2 | A3 | A4 |
|---|---|---|---|
| | | | |
| 曾侯乙车軎 | 包山丧葬 1 号牍 | 包山丧葬273 号简 | 天星观简 |

该字右旁的"大"字结体曲折，呈直角状，与《玺汇》2205 的（）的右部所从"大"字接近。不妨碍将其与 A2、A3、A4 看作是一个字。

包山楚简写作 A2、A3，隶定作"钛""大"的字，在天星观简中写作 A4 隶定作"钛"。滕壬生认为是一字异写。针对包山楚简的"钛"字，后德俊认为"钛通軑"，并推测是车軎。《汉书·扬雄传上》："陈众车于东阬兮，肆玉钛而下驰。"刘信芳指出，"钛"与"軑"是"一字之异"，指车軎。《离骚》："屯余车其千乘兮，齐玉軑而并驰。"王逸《楚辞章句》："軑，锢也。一云车辖也。"刘

国胜赞同上述看法，同时又就铭文中用来修饰"钛"的"绦组之鑐"进行补充论证："'鑐'疑读为斡，指系于车害上的飞斡。《急就篇》卷三颜师古注：'路车之辖施小幡者，谓之飞斡。'秦始皇陵二号铜车马车毂端的害上系有幡状飞斡。简文'滕组之鑐'似是'斡'的修饰语，此处'斡'即上文所记'赤金之斡'，'滕组之鑐斡'是说明'赤金之斡'有'滕组'做成的飞斡。267号简记有'滕组之鑐之斡'，亦似是对斡施飞斡的说明。"飞斡的确认对于铭文的理解具有重要的意义，董珊从飞斡的装配位置入手，利用大量墓葬考古出土材料证实飞斡是装配在车害上的，并根据简文内容找到了遣册记载的车害与出土器物的一一对应关系，从而证实 A2、A3、A4 记载的器物的确是车害。

## 【进阶篇目】

1. 天虹：《曾侯乙墓出土车害𤟤字补正》，《江汉考古》1991 年第 1 期。

2. 邹芙都：《楚系铭文综合研究》，巴蜀书社，2007 年，第 132 页。

3. 黄锦前：《楚系铜器铭文研究》，安徽大学博士学位论文，2009 年。

4. 查能飞：《商周青铜器自名疏证》，西南大学博士学位论文，2019 年。

5. 刘彬徽、刘长武：《楚系金文汇编》，湖北教育出版社，第 371 页。

6. 吴镇烽：《商周青铜器铭文暨图像集成》（第 34 卷），上海古籍出版社，2012 年，第 450 页。

7. 刘信芳：《楚系简帛释例》，安徽大学出版社，2011 年。

8. 董莲池：《新金文编》，作家出版社，2011 年。

9. 凡国栋：《曾侯乙墓出土车害的自名》，《出土文献研究》（第十九辑），中西书局，2020 年。

    10. 宋华强：《曾侯乙墓车軎铭文新释》，《出土文献》2022 年第 2 期。

    11. 罗小华、刘洪涛：《曾侯乙墓简中的车軎》，《出土文献》2023 年第 2 期。

    12. 后德俊：《"包山楚简"中的"金"义小考》，《江汉论坛》1993 年第 11 期。

    13. 刘信芳：《楚简文字考释五则》，吉林大学古文字研究室编：《于省吾教授百年诞辰纪念文集》，吉林大学出版社，1996 年。

    14. 刘国胜：《楚丧葬简牍集释》，科学出版社，2011 年。

    15. 董珊：《楚简中从"大"声之字的读法》，北京大学中国考古学研究中心、北京大学震旦古代文明研究中心编：《古代文明》（第 8 卷），文物出版社，2010 年。

    16. 罗小华：《战国简册中的车马器物及制度研究》，武汉大学出版社，2017 年。

# 48. 盛君縈簠[1]

【图版】

**【释文】**

盛君縈[2]之御匜（簠）。

**【著录】**

《文物》1985 年第 1 期；《集成》4494；《礼乐汉东》第 198—199 页

**【注释】**

〔1〕1978 年出土于湖北省随州市擂鼓墩（M2∶49），现藏随州市博物馆。

〔2〕盛君，盛地的封君。縈，人名。

**【延展阅读】**

**1. 盛君縈的身份**

关于盛君縈的身份，主要有四种观点。第一种，饶宗颐认为"盛"即"文王之昭"的郕国之"郕"，楚灭郕后以其国君为封君，擂鼓墩二号墓应即郕国国君、楚封君盛君縈之墓。第二种，吴郁芳认为盛、成、曾义通，盛君即曾君，盛君萦即曾君萦。第三种，黄锡全认为盛君可能是地处今山东郯地人或齐之郯地的封君。第四种，何浩、刘彬徽认为盛为地名，名萦之封君应为楚贵族，非楚成氏之后，更非成国国君。

从战国早期楚国的历史形势看，当时已经出现不少封君，曾侯乙墓竹简中也多有楚国封君的赗赙记录可以佐证。因此盛君更有可能是楚国的封君。新蔡葛陵楚简乙一·13 中记载有"盛武君"，郑威指出"武"为谥号，"盛武君"也可以称作"盛君"，其与"盛君萦"当同为盛邑封君，两人时代相近，均为战国早期人物，或为同一人物。即便不是同一人，二者也应该都是盛地的封君，为同一封君家族。

关于盛地的地望，当在传世文献及楚系简牍地名中寻找线索。何浩以为盛君封地当在《左传·定公五年》所载之"成臼"，即今钟祥市乐河入汉处附近。可备一说。郑威指出盛、成、郕均为禅母耕部字，可以通用。曾侯乙墓简中有"郕"，应为传世文献中楚国成县，亦为上博简《平王与王子木》中所称"城父"，在今河南宝丰县以东、平顶山市以北的可能性比较大。也可备一说。

### 2. 擂鼓墩 M2 的墓主

擂鼓墩二号墓位于战国时期曾国国君墓地，墓主显然不是盛君萦。墓主身份可能为曾侯夫人或一代曾侯。如《随州擂鼓墩二号墓》发掘报告即认为墓主为曾侯。李学勤指出此墓没有兵器出土，很可能是曾侯夫人墓。郭德维通过随葬器物组合、墓制等方面与楚墓、曾侯乙墓进行比较，认为墓主身份应该是曾侯或曾侯夫人墓，极大可能是晚死于曾侯乙的妻妾或者曾侯乙后代之墓。张昌平根据擂鼓墩古墓群的勘探结果指出在该墓群中除擂鼓墩 M1 外，另外还有蔡家包土冢、王家包土冢、王家湾土冢等曾侯级别的大墓，其特点是一墓独大，"占山为王"，并没伴有曾侯夫人墓，因此，擂鼓墩 M2

墓主不是曾侯夫人。

**【进阶篇目】**

1. 饶宗颐：《谈盛君簠——随州擂鼓墩文物展侧记》，《江汉考古》1985 年第 1 期。

2. 吴郁芳：《擂鼓墩二号墓簠铭"盛君縈"小考》，《文物》1986 年第 2 期。

3. 黄锡全：《湖北出土商周文字辑证》（增补本），武汉大学出版社，2019 年。

4. 何浩、宾晖：《盛君縈及擂鼓墩二号墓墓主的国别》，《楚文化研究论集》（第一集），湖北教育出版社，1981 年。

5. 郑威：《楚国封君研究》，湖北教育出版社，2012 年，第 127—131 页。

6. 韩宇娇：《曾国铜器铭文整理与研究》，清华大学博士学位论文，2014 年。

# 引书简称对照表

| 简称 | 书名 | 出版社信息 |
|---|---|---|
| 合集 | 甲骨文合集 | 中华书局 1982 年 |
| 集成 | 殷周金文集成（修订增补本） | 中华书局 2007 年 |
| 铭文选 | 商周青铜器铭文选 | 文物出版社 1984 年 |
| 新收 | 新收青铜器铭文暨器影汇编 | 艺文印书馆 2006 年 |
| 铭图 | 商周青铜器铭文暨图像集成 | 上海古籍出版社 2012 年 |
| 铭图续 | 商周青铜器铭文暨图像集成续编 | 上海古籍出版社 2016 年 |
| 铭图三 | 商周青铜器铭文暨图像集成三编 | 上海古籍出版社 2020 年 |
| 近出 | 近出殷周金文集录 | 中华书局 2002 年 |
| 近出二 | 近出殷周金文集录二编 | 中华书局 2010 年 |
| 曾侯乙墓 | 曾侯乙墓 | 文物出版社 1989 年 |
| 和尚岭与徐家岭 | 淅川和尚岭与徐家岭楚墓 | 大象出版社 2004 年 |
| 郭家庙 | 枣阳郭家庙曾国墓地 | 科学出版社 2005 年 |
| 辑证 | 湖北出土商周文字辑证（增补本） | 武汉大学出版社 2019 年 |
| 随粹 | 随州出土文物精粹 | 文物出版社 2009 年 |

续表

| 简称 | 书名 | 出版社信息 |
|---|---|---|
| 湖粹 | 湖北出土文物精粹 | 文物出版社 2006 年 |
| 曾青 | 曾国青铜器 | 文物出版社 2007 年 |
| 礼乐汉东 | 礼乐汉东<br>——湖北随州出土周代青铜器精华 | 文物出版社 2012 年 |
| 随州叶家山 | 随州叶家山——西周早期曾国墓地 | 文物出版社 2013 年 |
| 国博<br>百年藏粹 | 中国国家博物馆百年收藏集粹 | 安徽美术出版社 2014 年 |
| 江汉汤汤 | 江汉汤汤——湖北出土商周文物 | 北京时代<br>华文书局 2015 年 |
| 穆穆曾侯 | 穆穆曾侯——枣阳郭家庙曾国墓地 | 文物出版社 2015 年 |
| 追回的宝藏 | 追回的宝藏<br>——随州市打击文物犯罪成果荟萃 | 武汉大学出版社 2019 年 |
| 华章重现 | 华章重现——曾世家文物 | 文物出版社 2021 年 |
| 龢钟鸣凤 | 龢钟鸣凤——春秋曾国编钟 | 文物出版社 2023 年 |
| 金道锡行 | 金道锡行<br>——苏家垄国家考古遗址公园印记 | 武汉出版社 2024 年 |
| 玺汇 | 古玺汇编 | 文物出版社 1981 年 |

# 参考文献

Li Feng: Method, Logic, and the Debate about Western Zhou Government: A Reply to Lothar von Falkenhausen, Front. Hist. China 2017, 12（3）: 485—507。

曹斌:《关于青铜觯的定名和器用问题》,《北方民族考古》（第二辑）,科学出版社,2015 年。

曹大志:《族徽内涵与商代的国家结构》,北京大学中国考古学研究中心、北京大学震旦古代文明研究中心编:《古代文明》（第 12卷）,上海古籍出版社,2018 年。

曹锦炎:《曾、随二国的证据——论新发现的随仲嬭加鼎》,《江汉考古》2011 第 4 期。

曹锦炎:《曾侯昃剑小考》,中国考古学会编:《中国考古学会第十三次年会论文集》,文物出版社,2011 年。

曹锦炎:《鸟虫书通考》（增订版）,上海辞书出版社,2014 年。

曹淑琴:《庚国（族）铜器初探》,《中原文物》1994 年第 3 期。

查能飞:《商周青铜器自名疏证》,西南大学博士学位论文,2019 年。

陈恩林:《先秦两汉文献中所见周代诸侯五等爵》,《历史研究》1994 年第 6 期。

陈公柔:《"曾伯霖簠"铭中的"金道锡行"及相关问题》,《中国考古学论丛》,科学出版社,1993 年。

陈公柔:《记几父壶、柞钟及其同出的铜器》,《考古》1962 年第 2 期。

陈剑:《简谈对金文"蔑懋"问题的一些新认识》,《出土文献与古文字研究》（第七辑）,上海古籍出版社,2018 年。

陈剑：《金文"彖"字考释》，《甲骨金文考释论集》，线装书局，2007 年。

陈剑：《试说战国文字中写法特殊的"亢"和从"亢"诸字》，《出土文献与古文字研究》（第三辑），复旦大学出版社，2010 年。

陈久金：《西周月名日名考》，《自然科学史研究》1985 年第 2 期。

陈民镇：《曾公畎编钟铭文补说》，《汉字汉语研究》2020 年第 4 期。

陈民镇：《曾公求编钟并未挑战"康宫原则"》，《中国社会科学报》2021 年 4 月 28 日第 9 版。

陈民镇：《钟铭所见曾国早期历史》，《中国社会科学报》2020 年 10 月 19 日第 4 版。

陈斯鹏、石小力、苏清芳：《新见金文字编》，福建人民出版社，2012 年。

陈斯鹏：《曾、楚、周关系的新认识——随州枣树林墓地 M169 出土编钟铭文的初步研究》，《出土文献》2020 年第 2 期。

陈斯鹏：《曾公畎编钟铭文考释》，《中国文字》2020 年第 3 期。

陈斯鹏：《金文"蔑厤"及相关问题试解》，《出土文献》2021 年第 3 期。

陈伟：《曾侯膠编钟"汭土"试说》，《江汉考古》2015 年第 1 期。

陈伟：《同盟中的诸侯——关于戬钟铭文的一点推测》，《燕说集》，商务印书馆，2011 年。

陈伟武：《两件新见曾国铜器铭文考述》，《中山大学学报》（社会科学版）2009 年第 5 期。

陈英杰：《西周金文作器用途铭辞研究》，线装书局，2008 年。

陈应时：《曾侯乙钟磬铭文疑难字释义述评》，《音乐艺术》2002

年第 3 期。

陈兆潘：《曾公求编钟铭文集释及相关西周春秋史实研究》，河北师范大学硕士学位论文，2021 年。

程浩：《加嬭编钟与楚庄王服曾》，《北方论丛》2021 年第 4 期。

崔宪：《曾侯乙编钟钟铭校释及其律学研究》，人民音乐出版社，1997 年。

董莲池：《新出西周燕侯觚铭"瓒"字考及相关问题探讨》，《中国文字研究》2020 年第 2 期。

董莲池：《新金文编》，作家出版社，2011 年。

御简斋（董珊）：《曾伯桼壶铭简释》，复旦大学出土文献与古文字研究中心网站，2018 年 1 月 17 日。

董珊：《曾侯丙方缶铭文解释》，复旦大学出土文献与古文字研究中心网站，2014 年 12 月 31 日。

董珊：《出土文献所见"以谥为族"的楚王族——附说〈左传〉"诸侯以字为谥因以为族"的读法》，《出土文献与古文字研究》（第二辑），上海古籍出版社，2008 年。

董珊：《楚简中从"大"声之字的读法》，北京大学中国考古学研究中心、北京大学震旦古代文明研究中心编：《古代文明》（第 8 卷），文物出版社，2010 年。

董珊：《任鼎新探——兼说亢鼎》，《黄盛璋先生八秩华诞纪念文集》，中国教育文化出版社，2005 年。

董珊：《随州文峰塔 M1 出土三种曾侯與编钟铭文考释》，复旦大学出土文献与古文字研究中心网站，2014 年 10 月 4 日。

杜勇：《曾公畁编钟破解康宫难题》，《中国社会科学报》2020 年 6 月 8 日第 5 版。

凡国栋：《随州叶家山新出"𦍛子鼎"铭文简释》，《楚简楚文化与先秦历史文化国际学术研讨会论文集》，湖北教育出版社，2013

年。

凡国栋：《曾侯與编钟铭文柬释》，《江汉考古》2014 年第 4 期。

凡国栋：《曾侯乙墓出土车軎的自名》，《出土文献研究》（第十九辑），中西书局，2020 年。

凡国栋：《曾侯昃剑铭文补正》，第七届四库学高层论坛，2022 年 12 月；《楚学论丛》（第十二辑），武汉出版社，2023 年。

凡国栋：《东周时期小口盥洗器的自名——兼论"让"字的释读和用法》，李峰、施劲松主编：《张长寿、陈公柔先生纪念文集》，中西书局，2022 年。

凡国栋：《苏家垄墓地 M88 出土邡夫人瑚考》，《简帛》（第二十五辑），上海古籍出版社，2022 年。

凡国栋：《叶家山 M126 出土青铜器铭文简释》，《华章重现——曾世家文物》，文物出版社，2021 年。

范常喜：《"曾姬无恤壶"器名补说》，《南方文物》2007 年第 1 期。

范鹏伟：《再说月相定点与月相四分》，《中国社会科学报》2021 年。

方辉、王书林：《"曾伯霖簠"的流传及相关问题——从王献唐旧藏拓本题记说起》，《江汉考古》2018 年第 4 期。

方辉：《春秋时期方座形铜器的定名和用途》，《海岱地区青铜时代考古》，山东大学出版社，2007 年。

方勤、胡长春、席奇峰、李晓杨、王玉杰：《湖北京山苏家垄遗址考古收获》，《江汉考古》2017 年第 6 期。

方勤、张涛：《金道锡行——苏家垄国家考古遗址公园印记》，武汉出版社，2024 年。

方勤：《曾国历史与文化——从左右文武到左右楚王》，上海古籍出版社，2018 年。

方勤：《曾国世系及相关问题研究》，《江汉考古》2021 年第 6 期。

方勤：《随州文峰塔 M4 墓主人为曾侯㴲小考》，湖北省文物考古研究编：《曾国考古发现与研究》，科学出版社，2018 年。

方勤等：《湖北京山苏家垄遗址考古收获》，《江汉考古》2017 年第 6 期。

方稚松：《释殷墟花园庄东地甲骨中的瓒、祼及相关诸字》，《中原文物》2007 年第 1 期。

冯峰：《鲍子鼎与鲍子镈》，《中国国家博物馆馆刊》2014 年第 7 期。

冯光生、张翔：《曾侯乙墓音乐考古综述》，收入王子初主编《中国音乐考古 80 年》，上海音乐学院出版社，2012 年。

冯时：《曾姬壶铭文柬释》，《楚简楚文化与先秦历史文化国际学术研讨会论文集》，湖北教育出版社，2013 年。

冯时：《周廷遗妃与献妇功》，《考古学集刊》（第 22 集），社会科学文献出版社，2019 年。

付雨婷：《曾国三件长篇编钟铭文集释》，吉林大学硕士学位论文，2021 年 5 月。

傅斯年：《论所谓五等爵》，《历史语言研究所集刊》（第二本第一分），中华书局，1987 年。

高成林：《随仲嬭加鼎浅议》，《江汉考古》2012 年第 1 期。

高崇文：《楚"镇墓兽"为"祖重"解》，《文物》2008 年第 9 期。

高明：《盨、簠考辨》，《文物》1982 年第 6 期。

〔日〕广濑薰雄：《释"卜缶"》，《古文字研究》（第二十八辑），中华书局，2010 年。

〔日〕广濑薰雄：《释卜鼎——〈释卜缶〉补说》，《古文字研究》（第二十九辑），中华书局，2012 年。

郭理远：《嬭加编钟铭文补释》，《中国文字》2019 年第 2 期。

郭沫若：《金文所无考·五等爵禄》，《金文丛考》，人民出版社，1954 年。

郭永秉：《曾伯陭钺铭文平议》，《中国古代法律文献研究》（第十辑），社会科学文献出版社，2016 年。

郭永秉：《从战国楚系"乳"字的辨释谈到战国铭刻中的"乳（孺）子"》，《简帛·经典·古史》，上海古籍出版社，2013 年。

郭长江、凡国栋、陈虎、李晓杨：《曾公䣂编钟铭文初步释读》，《江汉考古》2020 年第 1 期。

郭长江、李晓杨、凡国栋、陈虎：《嬭加编钟铭文的初步释读》，《江汉考古》2019 年第 3 期。

韩巍：《从叶家山墓地看西周南宫氏与曾国——兼论"周初赐姓说"》，《青铜器与金文》（第一辑），上海古籍出版社，2017 年。

韩巍：《今天的铜器断代研究本质上是考古学研究——兼论新材料能否挑战"康宫说"》，《中国史研究动态》2022 年第 3 期。

韩雪：《金文"西宫"考》，《江汉考古》2024 年第 5 期。

韩宇娇：《曾国铜器铭文整理与研究》，清华大学博士学位论文，2014 年。

何浩、刘彬徽：《盛君縈及擂鼓墩二号墓墓主的国别》，《楚文化研究论集》（第一集），湖北教育出版社，1981 年。

何景成：《商周青铜族氏铭文研究》，齐鲁书社，2009 年。

何景成：《释曾侯與编钟铭文中的"堂"》，《出土文献》（第六辑），2015 年。

何琳仪：《楚王領钟器主新探》，《东南文化》1999 年第 3 期。

何琳仪：《战国文字通论》，中华书局，1989 年。

侯建科：《曾姬无卹壶铭文补论》，《中国文字研究》（第三十一辑），华东师范大学出版社，2020 年。

后德俊：《"包山楚简"中的"金"义小考》，《江汉论坛》1993

年第 11 期。

胡其伟：《试论嬭加编钟的时代与曾楚关系》，《江汉考古》2022
年第 6 期。

湖北省文物考古研究所等：《湖北随州叶家山西周墓地 126 号墓
发掘报告》，《考古学报》2021 年第 4 期。

黄德宽：《曾姬无恤壶铭文新释》，《古文字研究》（第二十三
辑），2002 年。

黄凤春、陈树祥、凡国栋：《湖北随州叶家山新出西周曾侯铜器
及相关问题讨论》，《文物》2011 年第 11 期。

黄凤春、胡刚：《说西周金文中的"南公"——兼论随州叶家山
西周曾国墓地的族属》，《江汉考古》2014 年第 2 期。

黄凤春、胡刚：《再说西周金文中的"南公"——二论随州叶家
山西周曾国墓地的族属》，《江汉考古》2014 年第 4 期。

黄凤春：《曾侯世系编年的初步研究》，《湖南省博物馆馆刊》
（第十四辑），岳麓书社，2018 年。

黄凤春：《从叶家山新出曾伯爵铭谈西周金文中的"西宫"和
"东宫"问题》，《江汉考古》2016 年第 3 期。

黄凤春：《破解"曾国"和"随国"之谜》，《大众考古》2014
年第 7 期。

黄凤春：《说方豆与宥坐之器》，《江汉考古》2011 年第 1 期。

黄怀信：《以月相纪日法解开西周王年历日难题》，《中国社会科
学报》2022 年。

黄杰：《随州文峰塔曾侯與编钟铭文补释》，《中国文字》（新 42
期），艺文印书馆，2016 年。

黄锦前：《伯氏始氏鼎的年代及史事》，《湖南省博物馆馆刊》
（第十四辑），岳麓书社，2018 年。

黄锦前：《曾侯與编钟铭文读释》，《中国国家博物馆馆刊》2017
年第 3 期。

黄锦前:《楚系铜器铭文研究》，安徽大学博士学位论文，2009年。

黄锦前:《荆子鼎与成王岐阳之盟》，《中国国家博物馆馆刊》2013年第9期;

黄锦前:《说荆子鼎铭文中的"丽"》，《曾国铜器铭文探赜》，科学出版社，2020年。

黄锦前:《随仲嬭加鼎补说》，《江汉考古》2012年第2期。

黄锦前:《随州新出随大司马𫘤有戈小议》，《江汉考古》2013年第1期。

黄锦前:《西周金文中的"西宫""东宫""南宫"及相关问题》，《曾国铜器铭文探赜》，科学出版社，2020年。

黄锦前:《再论穆穆曾侯及随州文峰塔M4的墓主》，《文物春秋》2020年第4期。

黄盛璋:《新发现的"羕陵"金版及其相关的羕器、曾器铭文中诸问题的考索》，国家文物局文献研究室编:《出土文献研究续集》，文物出版社，1989年。

黄锡全:《西周货币史料的重要发现——亢鼎铭文的再研究》，《中国钱币论文集》（第四辑），中国金融出版社，2002年。

黄锡全:《枣阳郭家庙曾国墓地出土铜器铭文考释》，《枣阳郭家庙曾国墓地》，科学出版社，2005年;收入氏著《古文字与古货币文集》，文物出版社，2009年。

黄益飞:《曾侯腆钟铭文研究》，《南方文物》2015年第4期。

黄益飞:《南公与曾国封建》，《故宫博物院院刊》2020年第7期。

贾连敏:《古文字中的"裸"和"瓒"及相关问题》，《华夏考古》1998年第3期。

蒋伟男:《嬭加编钟器主身份补说》，《出土文献》2022年第1期。

蒋文：《说曾公畎编钟铭文的"骏声有闻"》，复旦大学出土文献与古文字研究中心网站，2020 年 5 月 2 日；《汉语史与汉藏语研究》2020 年第 1 期。

蒋玉斌：《说与战国"沐"字有关的殷商金文字形》，复旦大学出土文献与古文字研究中心主编：《战国文字研究的回顾与展望》，中西书局，2017 年。

金方廷：《"某之孙、某之子"——谈周代青铜器铭文中一种特殊的称谓方式》，《国学学刊》2019 年第 3 期。

鞠焕文：《重新认识一件特殊的有铭青铜兵器》，《出土文献》（第十一辑），中西书局，2017 年。

李春桃：《随大司马戈铭补考》，《出土文献研究》（第十九辑），中西书局，2020 年。

李春桃、凡国栋：《嬭加编钟的定名、释读及时代》，《江汉考古》2022 年第 6 期。

李纯一：《曾侯乙编钟铭文考索》，《音乐研究》1981 年第 1 期。

李纯一：《曾侯乙编钟的编次与乐悬》，《音乐研究》1985 年第 2 期。

李峰：《令方彝、令方尊及新出土曾公畎编钟所见"康宫"年代质疑》，李峰、施劲松主编《张长寿、陈公柔先生纪念文集》，中西书局，2022 年。

李峰：《论"五等爵"称的起源》，李宗焜主编《古文字与古代史》（第三辑），台北"中研院"史语所，2012 年。

李家浩：《从曾姬无恤壶铭文谈楚灭曾的年代》，《文史》（第三十三辑），中华书局，1990 年。

李家浩：《沂水工吴王剑与汤阴吴王剑》，《出土文献》2020 年第 1 期。

李力：《"罪"、"殿"、"历"三字的疑难与困惑》，《中国古代法律文献研究》（第八辑），社会科学文献出版社，2014年。

李零：《"楚叔之孙佣"究竟是谁——河南淅川下寺二号墓之墓主和年代问题的讨论》，《中原文物》1981年第4期。

李零：《化子瑚与淅川楚墓》，《文物天地》1993年第6期。

李零：《商周酒器再认识——以觚、爵、觯为例》，《中国国家博物馆馆刊》2023年第7期。

李零：《说中国古代的镇墓兽，兼及何家村银盘上的怪鸟纹和宋陵石屏》，《入山与出塞》，文物出版社，2004年。

李零：《文峰塔M1出土钟铭补释》，《江汉考古》2015年第1期。

李零：《西周金文中的"蔑历"即古书中的"伐矜"》，《出土文献》（第八辑），中西书局，2016年。

李零：《再论淅川下寺楚墓——读〈淅川下寺楚墓〉》，《文物》1996年第1期。

李然、龚乔、胡飞：《"金道锡行"：探寻商周时期的"三交"历史》，《中国民族报》2024年2月28日。

李天虹：《曾侯朕编钟铭文补说》，《江汉考古》2014年第4期。

李小燕、井中伟：《玉柄形器名"瓒"说——辅证内史亳同与〈尚书·顾命〉"同瑁"问题》，《考古与文物》2012年第3期。

李学勤：《曾国之谜》，《光明日报》1978年10月4日。收入氏著《新出青铜器研究》（修订版），人民美术出版社，2016年。

李学勤：《曾侯腆（與）编钟铭文前半释读》，《江汉考古》2014年第4期。

李学勤：《斗子鼎与成王岐阳之盟》，《中国国家博物馆馆刊》2012年第1期。

李学勤：《亢鼎赐品试说》，《南开学报》（哲学社会科学版）2001年增刊。

李学勤：《青铜器中的簠与铺》,《中国古代文明研究》,华东师范大学出版社,2005 年。

李学勤：《试说南公与南宫氏》,《出土文献》(第六辑),中西书局,2015 年。

李学勤：《新见楚王鼎与"曾国之谜"》,《青铜器入门》,商务印书馆,2013 年。

李学勤等：《山东高青县陈庄西周遗址笔谈》,《考古》2011 年第 2 期。

李学勤主编：《字源》,天津古籍出版社,2012 年。

李裕杓：《西周王朝军事领导机制研究》,上海古籍出版社,2018 年。

连劭名：《〈曾侯与钟〉铭文与传统思想》,《南方文物》2019 年第 3 期。

连劭名：《曾姬无恤壶所见楚地观念中的地下世界》,《南方文物》1996 年第 1 期。

梁月娥：《西周金文"叝"字补释》,《语言学论丛》2020 年第 2 期。

刘彬徽、刘长武：《楚系金文汇编》,湖北教育出版社,2023 年。

刘波：《曾姬无卹壶铭文再探》,《考古与文物》2015 年第 4 期。

刘国胜：《楚丧葬简牍集释》,科学出版社,2011 年。

刘洪涛：《曾姬壶铭"戴在王室"解》,《长江学术》2015 年第 2 期。

刘洪涛：《释上官登铭文的"役"字》,复旦大学出土文献与古文字研究中心网站,2011 年 2 月 16 日;收入氏著《形体特点对古文字考释重要性研究》,商务印书馆,2019 年。

刘丽：《铜器铭文中所见两周时期曾国的婚姻关系》,《青铜器与金文》（第一辑），上海古籍出版社，2017 年。

刘树满：《也谈曾公䣄编钟与令方彝暨"康宫"原则问题》，《江汉考古》2022 年第 4 期。

刘信芳：《楚简文字考释五则》，吉林大学古文字研究室编：《于省吾教授百年诞辰纪念文集》，吉林大学出版社，1996 年。

刘信芳：《楚系简帛释例》，安徽大学出版社，2011 年。

刘信芳：《蒿宫、蒿间与蒿里》，《中国文字》（新 24 期），艺文印书馆，1998 年。

刘源：《"五等爵"制与殷周贵族政治体系》，《历史研究》2014 年第 1 期。

刘钊：《古文字中的合文、借笔、借字》，《古文字研究》（第二十一辑），中华书局，2001 年。

刘钊：《商周金文的装饰美》，《中国书法》2023 年第 7 期。

刘钊：《释甲骨文中的"役"字》，《出土文献与古文字研究》（第六辑），上海古籍出版社，2015 年。

刘钊：《古文字构形学》（修订本），福建人民出版社，2011 年。

陆璐：《说周代的太师》，《史学月刊》2009 年第 6 期。

〔美〕罗泰著，吴长青、张莉、彭鹏译：《宗子维城：从考古材料的角度看公元前 1000 至前 250 年的中国社会》，上海古籍出版社，2017 年。

罗小华、刘洪涛：《曾侯乙墓简中的车軎》，《出土文献》2023 年第 2 期。

罗小华：《战国简册中的车马器物及制度研究》，武汉大学出版社，2017 年。

罗运环：《古文字资料所见楚国官制研究》，收入氏著《出土文献与楚史研究》，商务印书馆，2011 年。

罗运环：《随大司马𤦎有之行戈"𤦎"字考辨》，《江汉考古》2013 年第 1 期。

罗运环：《新出金文与西周曾侯》，《陕西师范大学学报》（哲学社会科学版）2015 年第 11 期。

雒有仓：《商周青铜器族徽文字综合研究》，黄山书社，2017 年。

马承源：《亢鼎铭文——西周早期用贝币交易玉器的记录》，《上海博物馆集刊》（第八期），上海书画出版社，2000 年。

牛新房：《释楚文字中的几个役字》，《古文字研究》（第三十二辑），中华书局，2018 年。

裴书研：《试谈商周青铜壶发展演变的基本特点》，《考古与文物》2015 年第 3 期。

〔日〕崎川隆：《关于起右盘"倒置文字"产生的过程和机制》，《古文字研究》（第三十四辑），中华书局，2021 年。

裘锡圭：《也谈子犯编钟》，《故宫文物月刊》第 13 卷第 5 期；收入《裘锡圭学术文集·金文及其他古文字卷》，复旦大学出版社，2012 年。

屈万里：《曾伯霖考释》，《历史语言研究所集刊》（第三十三本），1962 年。

饶宗颐、曾宪通：《随县曾侯乙墓钟磬铭辞研究》，香港中文大学出版社，1985 年。

饶宗颐：《谈盛君萦——随州擂鼓墩文物展侧记》，《江汉考古》1985 年第 1 期。

山西省文物考古研究院等：《山西翼城大河口西周墓地一号墓发掘》，《考古学报》2020 年第 2 期。

申文喜：《殷墟出土青铜方鼎选粹》，《文物天地》2024 年第 4 期。

沈培：《新出曾伯霖壶铭的"元犀"与旧著录铜器铭文中相关词语考释》，复旦大学古文字与出土文献研究中心网站，2018 年 1 月 23 日。

石泉：《古代曾国—随国地望初探》，《武汉大学学报》（哲学社会科学版）1979 年第 1 期；收入氏著《古代荆楚地理新探》，武汉大学出版社，1988 年。

石泉：《古竟陵故址新探》，《古代荆楚地理新探》，武汉大学出版社，1988 年。

石小力：《随州枣树林墓地出土芈加编钟铭文补释》，《青铜器铭文研究学术研讨会会议论文集》，2020 年。

宋华强：《曾侯乙墓车䡇铭文新释》，《出土文献》2022 年第 2 期。

宋华强：《叶家山铜器铭文和殷墟甲骨中的古文"庚"》，《古文字研究》（第三十辑），中华书局，2014 年。

苏建洲：《清华大学藏战国竹简（贰）·系年》考释四则》，《简帛》（第七辑），上海古籍出版社。

苏建洲：《随州文峰塔曾侯與墓编钟铭文"圝"字补说》，《简帛》（第十二辑），上海古籍出版社，2016 年。

苏昕、翁蓓：《试论随仲嬭加鼎反映的等级身份》，《江汉考古》2017 年第 4 期。

孙启灿：《文峰塔 M4 曾侯钟铭文补正》，《江汉考古》2021 年第 1 期。

唐兰：《西周铜器断代中的"康宫"问题》，《考古学报》1962 年第 1 期。

天虹：《曾侯乙墓出土车䡇销补正》，《江汉考古》1991 年第 1 期。

田成方：《曾公畎钟铭初读》，《江汉考古》2020 年第 4 期。

田成方：《东周时期楚国宗族研究》，科学出版社，2016 年。

田成方：《再论楚蓮氏的族称和宗支》，《古籍整理研究学刊》2018 年第 1 期。

田率：《内史蓝与伯克父甘娄蓝》，《青铜器与金文》（第一辑），上海古籍出版社，2017 年。

田伟：《叔虞封地探索》，《青铜器与金文》（第八辑），上海古籍出版社，2022 年。

王百川：《"曾伯"铜器与京山苏家垄遗址的性质》，《考古》2024 年第 4 期。

王长丰：《殷周金文族徽研究》，上海古籍出版社，2015 年。

王恩田：《曾侯丙迅缶跋——兼释"缶"与"迅氏（匙）"》，复旦大学出土文献与古文字研究中心网站，2015 年 2 月 23 日。

王恩田：《曾侯與编钟与曾国始封——兼论叶家山西周曾国墓地复原》，《江汉考古》2016 年第 2 期。

王国维：《生霸死霸考》，《观堂集林》（第一卷），中华书局 2004 年。

王红星：《曾侯世系辨正》，《长江大学学报》（社会科学版），2021 年第 3 期。

王宁：《"赴缶"别议》，简帛网，2015 年 1 月 4 日。

王宁：《从"丂"说到"噬"》，复旦大学出土文献与古文字研究网站，2014 年 10 月 28 日。

王沛：《曾伯陭钺铭文补释》，《出土文献研究》（第十四辑），中西书局，2015 年。

王沛：《曾伯陭钺铭文的再探讨》，《中国古代法律文献研究》（第九辑），社会科学文献出版社，2015 年。

王沛：《刑鼎源于何时：从枣阳出土曾伯陭钺铭文说起》，《出土文献与法律史研究》（第二辑），上海人民出版社，2013 年。

王祁：《商周铜尊卣配对组合研究》，《考古》2019 年第 3 期。

王世民：《西周春秋金文中的诸侯爵称》，《历史研究》1983 年第 3 期。

王泽文：《文峰塔 M1 出土曾侯與钟铭的初步研究》，《江汉考古》2015 年第 6 期。

王占奎：《读金随札——内史亳同》，《考古与文物》2010 年第 2 期。

王子杨：《曾侯丙方缶"硤以为长事"解》，《曾国考古发现与研究学术研讨会论文集》，2014 年。

魏栋：《随州文峰塔曾侯舆墓 A 组编钟铭文拾遗》，《中国国家博物馆馆刊》2016 年第 9 期。

魏芃：《西周春秋时期"五等爵称"研究》，南开大学博士学位论文，2012 年。

吴超：《曾太师奠与鼎小议》，《中国文物报》2015 年 7 月 31 日。

吴超：《说曾侯钟铭的"弗戴是無"》，《江汉考古》2017 年第 2 期。

吴冬明：《嬭加编钟铭文补释并试论金文所见曾楚交往的政治辞令》，《江汉考古》2020 年第 3 期。

吴良宝：《战国楚简地名辑证》，武汉大学出版社，2010 年。

吴晓懿：《战国官名新探》，安徽师范大学出版社，2013 年。

吴郁芳：《擂鼓墩二号墓簠名"盛君簊"小考》，《文物》1986 年第 2 期。

吴镇烽：《内史亳丰同的初步研究》，《考古与文物》2010 年第 2 期。

吴毅强：《嬭加编钟铭文新释及相关问题考辨》，《北方论丛》2021 年第 4 期。

〔美〕夏含夷：《随州安居桃花坡 1 号墓所出〈起右盘〉及其对中国印刷史的意义》，《曾国考古发现与研究》，科学出版社，2018 年。

夏渌：《铭文所见楚王名字考》，《江汉考古》1985 年第 4 期。

夏商周断代工程专家组：《夏商周断代工程报告》，科学出版社，2022 年。

〔日〕小川茂树：《五等爵制的成立——左氏诸侯爵制说考》，《东洋史研究》1937 年第 3 期。

谢明文：《曾伯克父甘娄簠铭文小考》，《出土文献》（第十一辑），中西书局，2017 年。

谢明文：《谈谈金文中宋人所谓"觯"的自名》，《商周文字论集》，上海古籍出版社，2017 年。

徐少华：《曾侯與钟铭"君庀淮夷，临有江夏"解析》，《中国史研究》2020 年第 2 期。

徐少华：《曾侯昃戈的年代及相关曾侯世系》，《古文字研究》（第三十辑），中华书局，2014 年。

徐宗元：《金文中所见官名考》，《福建师范学院学报》1957 年第 2 期。

许道胜：《楚系殳（杸）研究》，《中原文物》2005 年第 3 期。

宣柳：《新出曾伯壶铭文"壶章"考》，《江汉考古》2022 年第 2 期。

鄢国盛：《曾侯與编钟"君庇淮夷说"献疑》，《故宫博物院院刊》2019 年第 12 期。

严志斌：《楚王領探讨》，《考古》2011 年第 8 期。

严志斌：《商代青铜器铭文研究》，上海古籍出版社，2013 年。

严志斌：《小臣犆玉柄形器诠释》，《江汉考古》2015 年第 4 期。

严志斌：《叶家山曾国墓地出土半环形铜钺及相关问题研究》，《考古》2015 年第 5 期。

杨宝成、刘森淼：《商周方鼎初论》，《考古》1991 年第 6 期。

杨树达：《古爵命无定称说》，《积微居小学述林》，中华书局，1983 年。

杨州：《金文"品"及"裸玉三品"梳析》，《山西师大学报》（社会科学版）2007 年第 3 期。

叶玉英：《二十世纪以来古文字构形研究概述》，《出土文献与古文字研究》（第二辑），复旦大学出版社，2008 年。

殷玮璋、曹淑琴：《新出土的太保铜器及其相关问题》，《考古》1990 年第 1 期。

殷玮璋：《周初太保器综合研究》，《考古学报》1991 年第 1 期。

于省吾：《略论西周金文中的"六𠂤"和"八𠂤"及其屯田制》，《考古》1964 年第 3 期。

于薇、常怀颖：《叶家山"西宫"爵与两周金文"三宫"及其相关问题》，《江汉考古》2016 年第 3 期。

于薇：《湖北随州叶家山 M2 新出𠂤子鼎与西周宗盟》，《江汉考古》2012 年第 2 期。

俞樾：《生霸死霸考》，《春在堂全书》，凤凰出版社，2010 年。

袁金平、王丽：《新出曾国金文考释二题》，《出土文献》（第六辑），中西书局，2015 年。

袁金平：《曾侯與编钟铭"遣命南公"补议》，《中国文字学报》（第九辑），2018 年。

袁金平：《清华简《系年》中所谓"取"之讹字再议》，《先秦两汉讹字学术研讨会论文集》，清华大学，2018 年 7 月 14—15 日。

岳连建、王安坤：《铜盨的渊源及演变》，《考古与文物》2014 年第 2 期。

臧振：《玉瓒考辨》，《考古与文物》2005 年第 1 期。

翟静雯：《曾侯昃剑铭文考释》，《江汉考古》2022 年第 6 期。

张昌平：《曾国青铜器》，文物出版社，2007 年。

张昌平：《曾侯乙、曾侯與、曾侯邸》，《江汉考古》2009 年第 1 期。收入氏著《商周时期南方青铜器研究》，商务印书馆，2016 年。

张昌平：《曾随之谜再检视》，《中国国家博物馆馆刊》2015 年第 11 期。

张昌平：《记回归的曾伯克父青铜器》，《文物》2020 年第 9

期。

张昌平：《论随州叶家山墓地 M1 等几座墓葬的年代以及墓地布局》，《中国国家博物馆馆刊》2012 年第 6 期。

张昌平：《随仲嬭加鼎的时代特征及其他》，《江汉考古》2011 第 4 期。

张富祥：《商王名号与上古日名制研究》，《历史研究》2005 年第 2 期。

张懋镕：《青铜簋：仿陶青铜器器类演进的典型代表》，《古文字与青铜器论集》（第六辑），科学出版社，2019 年 12 月。

张懋镕：《西周方座簋研究》，《考古》1999 年第 12 期。

张懋镕：《夷伯尸于西宫解》，《古文字与青铜器论集》（第二辑），科学出版社，2006 年。

张懋镕：《再论西周方座簋》，《陕西历史博物馆馆刊》（第九辑），三秦出版社，2002 年。

张天宇：《考古发掘与金文考释探索“曾随之谜”》，《光明日报》2023 年 1 月 15 日。

章水根：《曾侯與编钟“就”字及其反映的曾楚关系》，《黄河文明与可持续发展》（第 11 辑），河南大学出版社，2015 年。

章水根：《亢鼎中的“郁”》，《中国文字研究》（第二十一辑），上海书店出版社，2015 年。

赵平安：《“盨、铺”再辨》，《古文字研究》（第三十一辑），中华书局，2016 年；《新出简帛与古文字古文献研究续集》，商务印书馆，2018 年。

赵平安：《河南淅川和尚岭所处镇墓兽铭文和秦汉简中的“宛奇”》，《中国历史文物》2007 年第 2 期；《新出简帛与古文字古文献研究》，商务印书馆，2009 年。

赵平安：《金文考释四篇》，《语言研究》1994 年第 1 期，收入氏著《金文释读与古文明探索》，上海古籍出版社，2011 年。

赵平安：《释战国文字中的"乳"字》,《中国文字学报》（第四辑）,商务印书馆,2012 年。

赵谚丽：《青铜壶祭祀类自名简论》,《现代语文》2020 年第 9 期。

郑威：《楚国封君研究》,湖北教育出版社,2012 年。

周博：《试论西周王畿地区的军事装备能力》,《长江文明》2020 年第 2 期。

周要港、刘逸鑫：《西周墓随葬铜钺研究》,《形象史学》2023 年冬之卷（总第 28 辑）,中国社会科学出版社,2023 年。

周忠兵：《释甲骨文中的"觯"》,《古文字研究》（第三十辑）,中华书局,2014 年。

朱德熙、裘锡圭：《战国文字研究（六种）》,《考古学报》1972 年第 1 期。

朱凤瀚：《关于西周封国君主称谓的几点认识》,《两周封国论衡》,上海古籍出版社,2014 年。

朱凤瀚：《枣树林曾侯编钟与叶家山曾侯墓》,《中国国家博物馆馆刊》2020 年第 11 期。

朱凤瀚：《中国青铜器综论》,上海古籍出版社,2009 年。

朱晓雪：《曾姬无卹壶"漾陵""蒿间"补说》,《湖南省博物馆馆刊》（第八辑）,岳麓书社,2012 年。

邹芙都：《楚系铭文综合研究》,巴蜀书社,2007 年。

邹衡、谭维四主编：《曾侯乙编钟》,金城出版社,2015 年。

邹秋实、李贝、江旭东、张昌平：《长江文明馆藏曾侯子昃剑初探》,《江汉考古》2022 年第 5 期。

左德田：《曾都刍议》,《江汉考古》1990 年第 1 期。

# 后　记

习近平总书记指出："我国青铜文明源远流长、灿烂辉煌，在世界文明史上独树一帜。要加强青铜器文物的保护研究和宣传阐释，更好激发全社会特别是青少年对伟大祖国和中华文明的热爱。"

随州是中华文明起源的重要区域，曾随文化是中华文化的重要组成部分。1978年曾侯乙墓被发现，被列为"中国20世纪重大考古发现"，举世瞩目。随后近40年，考古工作者在随州探明和发掘了几百座古墓，其中曾侯墓达20多座，已知晓名字的有14位；出土文物3万余件，许多文物达到国宝级标准。2021年曾侯墓群入选"中国百年百大考古发现"。

藏礼于器，以器述史。独特的曾国文字是曾随文化的重要标识。曾国是文字材料最为丰富的周代诸侯国之一。据初步统计，已出土曾国文物上的各种文字总数远远超过20000字，其中青铜器铭文总字数约13000字。这些文字材料记载了曾国的重大事件，成为研究曾国历史的"典籍"。历代文献中只记载了"随国"，没有"曾国"，叶家山出土南公簋与枣树林、文峰塔墓地出土曾侯三钟（曾公畎钟、嬭加钟、曾侯與钟）铭文相互印证，完美地破解了争论不休的"曾随之谜"。特别是曾侯宝夫人墓出土的嬭加钟铭文出现了"夏""禹"的记载，印证了夏王朝的存在，使我们加深了对上古史的认识。

赓续文脉，鉴古知今。近年来，随州市曾都区政协致力于曾随文化挖掘整理研究与应用工作，组织部分专家学者编纂了系列文化文史丛书，深受欢迎。今年，时值中华人民共和国成立75周年和人民政协成立75周年，我们特别精编出版曾国青铜器铭文。相信本书的出版有利于推动曾国文物和文化遗产"活"起来，为中华五千年文明增光添彩，对加强曾随文化研究，探寻历史根脉，致力文化传承，增强优秀传统文化影响力；对宣传推介随州、促进文旅融合、增强文化自信等意义重大。

本书立足宣传曾随文化，遵照权威性、科普性、拓展性原则编纂出版，主编凡国栋研究员倾注了大量心血，吸收了大量考古新发现和专家研究新成果，并附有进阶篇目，图文并茂，让读者感受文物的精致、古文字的精美和传统文化的精深。同时，也可以为考古专业学生提供课外读物，为广大文史爱好者提供研究资源，为相关学术研究提供参考资料。

本书的编纂得到了湖北省文物考古研究院的大力支持，方勤院长亲自指导，并欣然作序。

随州市博物馆大力支持本书编纂出版工作，主要领导多次与主编凡国栋研究员沟通交流；区政协主要领导高度重视，亲自安排部署，并提出明确要求；区政协分管领导为本书编纂出版做了大量的策划、组织、协调工作；崇文书局主要领导大力支持，组建精干队伍负责本书责校出版工作。

谨以此书为中华人民共和国成立 75 周年和人民政协成立 75 周年献礼！

本书编委会
2024 年 8 月